# 冰心传

以爱之名，人间有味

齐芳 著

华中科技大学出版社
http://press.hust.edu.cn
中国·武汉

图书在版编目（CIP）数据

冰心传：以爱之名，人间有味/齐芳著. —武汉：华中科技大学出版社，2019.10（2025.4 重印）

ISBN 978-7-5680-5460-7

Ⅰ.①冰… Ⅱ.①齐… Ⅲ.①冰心（1900-1999）-传记 Ⅳ.①K825.6

中国版本图书馆 CIP 数据核字（2019）第 150713 号

冰心传：以爱之名，人间有味
Bingxin Zhuan: Yi Ai zhi Ming, Renjian Youwei

齐 芳 著

| | |
|---|---|
| 策划编辑： | 沈　柳 |
| 责任编辑： | 肖诗言 |
| 封面设计： | 刘　婷 |
| 责任校对： | 张会军 |
| 责任监印： | 朱　玢 |

出版发行：华中科技大学出版社（中国·武汉）　电话：（027）81321913
　　　　　武汉市东湖新技术开发区华工科技园　邮编：430223

录　　排：武汉蓝色匠心图文设计有限公司
印　　刷：湖北新华印务有限公司
开　　本：880mm×1230mm　1/32
印　　张：7.625
字　　数：158 千字
版　　次：2025 年 4 月第 1 版第 4 次印刷
定　　价：38.00 元

本书若有印装质量问题，请向出版社营销中心调换
全国免费服务热线：400-6679-118　　竭诚为您服务
版权所有　侵权必究

# 序

冰心女士是中国现代文坛巨匠,她一生佳作无数,对后人产生了深远的影响。她的作品成为很多读者内心温暖的光,为他们在黑暗中指引前方的路。从《繁星·春水》到《寄小读者》,冰心的很多优秀作品深受读者们的喜爱。

冰心自小受到书香门第的熏陶,家庭民主,父慈母爱,她拥有一个快乐的童年。良好的家庭氛围为她以后的文学之路奠定了坚实的基础。五四运动将冰心"震"上文坛,从此以后,她以笔为剑,在文学的战场上披荆斩棘。她勇于揭露社会问题,将矛头指向封建社会旧制度。冰心为我国的文学事业做出了巨大贡献。

冰心曾经到美国留学,阴差阳错地结识了一生的伴侣吴文藻,两人共同经营一个幸福的家庭。他们不仅是恩爱夫妻,更是学术伉俪，吴文藻一生致力于学术研究，在社会学方面做出了重大贡献。在"文化大革命"的十年浩劫当中，两人虽然历经风雨，但是互相扶持，相濡以沫，共同面对生活最美的夕阳。

冰心一生的写作都以爱为主题，她曾说："有了爱就有了一切。"母爱、童真、大自然，冰心把爱贯穿于她的作品之中。巴金曾说："一代代的青年读到冰心的书，懂得了爱：爱星星、爱大海、爱祖国，爱一切美好的事物。我希望年轻人都读一点冰心的书，都有一颗真诚的爱心。"冰心坚持写作70余年，文思泉涌，佳作连连。她的一生伴随着世纪风云的变幻，她却紧跟着时代的步伐，走出了狭小的家庭，走出了一条属于自己的文学路，书写了一个女子传奇的一生。

冰心这一生为我国的文学事业、教育事业、妇女儿童事业、外交事业都做出了重要贡献，她出访过多个国家，外交能力出众，为中国外交关系的发展贡献了力量。在她去世之后，党和国家都给予她高度的评价："冰心是二十世纪中国杰出的文学大师，忠诚的爱国主义者，著名的社会活动家，中国共产党的亲密朋友。"冰心被称为"文坛祖母"，因为她不仅是文坛巨匠，致力于弘扬中国文化，更怀有一颗爱心，为慈善事业做出重大贡献，将自己的大爱撒遍了大江南北，把爱无私地奉献给需要的人。一片冰心，流芳百世！

生同眠，死同穴。冰心在百年之后和丈夫吴文藻合葬在北京的八宝山。

　　本书以冰心的一生为主线，叙写了冰心快乐的童年时期、充实的青年时期、坎坷的中年时期、创作辉煌的老年时期，将冰心一生的故事娓娓道来，同时翔实地介绍了她重要的文学作品。

　　冰心无私无畏的一生鼓舞着热爱她的人。本书作者带着真情实感，带着对冰心的无限热爱和尊敬，回顾了这位世纪老人的一生，带领读者了解冰心生平。因作者能力有限，书中有不足之处，敬请读者谅解！

# 目录

## 第一章 文墨少女，豆蔻年华

1 青紫盈庭 —— 2
2 博览群书 —— 8
3 面朝大海 —— 15
4 重归故里 —— 21

## 第二章 学海无涯，乘风破浪

1 剪子巷口 —— 26
2 学业升迁 —— 30
3 凌云剑笔 —— 35
4 问题小说 —— 39

## 第三章 文铺锦绣，燕园青春

1 燕京大学 —— 48
2 赤子之心 —— 53
3 佳作连连 —— 57
4 繁星·春水 —— 65

## 第四章 赴美留学,谱写恋歌

1 邮轮远航 —— 74

2 邂逅奇缘 —— 80

3 异国他乡 —— 83

4 情到深处 —— 90

5 归去来兮 —— 95

## 第五章 燕园为师,忧国忧民

1 秦晋之好 —— 104

2 永别挚爱 —— 112

3 笔耕不辍 —— 121

4 步履不停 —— 124

5 燕京别情 —— 128

### 第六章 举家南迁，愿逐芳华

1 昆明印象 —— 134
2 夫唱妇随 —— 135
3 莫逆之交 —— 141
4 辗转重庆 —— 146

### 第七章 一念山河，殷切思归

1 重归祖国 —— 154
2 东京岁月 —— 156
3 游子西归 —— 161
4 崭新生活 —— 164
5 和平使者 —— 169

## 第八章 十年浩劫,半生你我

1 艰苦岁月 —— 174
2 亚非交流 —— 176
3 身处困境 —— 181
4 五七干校 —— 184
5 云开月明 —— 192

## 第九章 菁华浮梦,柳暗花明

1 夕阳无限 —— 200
2 晚来翰墨 —— 205
3 老骥伏枥 —— 210
4 一片冰心 —— 214

## 第十章 浮生悠悠,清风依旧

1 文坛泰斗 —— 218
2 上善若水 —— 224
3 余香玫瑰 —— 228

# 第一章　文墨少女，豆蔻年华

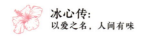

# 1 青紫盈庭

世间的每个人,无论经历什么样的人生,家都是其内心最温暖的地方。好的家风对人的性格和命运至关重要,只有家风淳厚,家族中才能人才辈出,源远流长。家风是寄托家族优良传统的"传家宝",是家族文化的沉淀。因此,想更深入地了解冰心,不妨先了解她的家世渊源。

冰心,原名谢婉莹,1900年10月5日出生在福州,祖籍福建长乐。她的祖辈并不是什么显赫人物,曾饱经风霜。婉莹的曾祖父、曾祖母都是淳朴勤劳的农民,收入微薄,难以维持生计,夫妻俩只好另寻谋生之路。他们几经辗转,最终在福州城里以裁剪为业。然而裁剪生意也是入不敷出,夫妻两人只好寄希望于下一代。曾祖母曾经绝望到想要去自缢,幸好被曾祖父发现,救了下来。老两口下定决心,如果生个男孩,必定让他好好读书识字,好能替父亲要账、记账,不再走这一辈的老路。曾祖母在连生了几个女儿之后终于生了一个男孩,他就是谢婉莹的祖父——谢銮恩,他是谢家当时唯一一个有资格读书学习的孩子。

## 第一章
文墨少女，豆蔻年华

就这样，谢家的转变从婉莹的爷爷这一辈开始了。

谢大德，号銮恩，字子修，举人出身。他不负众望，勤奋苦读，终于学有所成。在福州光禄坊道南祠内开设书馆，传道授业。当时谢銮恩名气颇大，慕名而来的学生很多，可谓门庭若市。谢銮恩桃李满天下，他的得意门生有萨镇冰、黄乃裳等，学生中的很多人后来都成为国家的栋梁之材。他广结人脉，与严复等人也有来往。后来谢銮恩凭借自身不俗的实力和广泛的人脉，被推选为兴文社社长。

生命本就透着变幻莫测的神秘，新的生命往往带来新的希望。1865 年 1 月，谢銮恩的三子谢葆璋出生了，他就是婉莹的父亲。

谢銮恩膝下有 4 个儿子，他们都在父亲的祠堂里学习。父亲亲自教学，对儿子们的要求自然也是格外严格。父亲像一棵参天大树，儿子们在父亲的庇荫下都茁壮成长起来。

谢葆璋秉承了父亲执着勤学的个性，17 岁时的他，气宇轩昂、聪颖好学，在兄弟中尤为出色。某日，回福州招生的严复看到了谢葆璋，极为欣赏，欲招其为天津水师学堂的学生。经过一番协商，谢葆璋被严复推荐北上应试，以优异的成绩进入了水师学堂驾驶班。就这样，谢葆璋离开了自己的家乡，踏入了军营，开启了人生的新篇章。

冰心晚年时在自传里面说过：

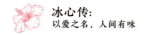

冰心传：
以爱之名，人间有味

　　假如我的祖父是一棵大树，他的第二代就是树枝，我们就都是枝上的密叶；叶落归根，而我们的根，是深深地扎在福建横岭乡的田地里的。我并不是"乌衣门第"出身，而是一个不识字、受欺凌的农民裁缝的后代。

（《我的故乡》）

　　机会永远垂青于有准备的人，受纯正家风熏陶的孩子也必定有过人之处。谢葆璋在水师学堂刻苦学习，成绩名列前茅，毕业后经过实习进入北洋舰队，开启了崭新的人生。军营的生活磨炼了少年谢葆璋的志气，他勇敢、刚强、果断，因接收"来远"舰立功、表现突出而被清廷赏识，升为右翼左营守备，三年后，谢葆璋受任"来远"舰驾驶二副。

　　好男儿志在四方，却要经历千难万险。在海上保家卫国并不是一件容易的事情，自身不仅要掌握过硬的本领，还要具有精明的头脑和吃苦耐劳的精神。可是没有谁的一生是风平浪静的，太安逸的地方没有风景。

　　1894年，中日甲午战争爆发。"来远"舰在与日本联合舰队激战时重创了其中一艘日舰。之后"来远""靖远"两舰在追击敌方时，被日本第一游击队"吉野"等四艘舰围攻，形势危急。经过一番苦战，"来远""靖远"均受到重创。由于"来远"舰中弹无数，引起巨大火灾。谢葆璋等率人采取措施灭火，熊熊烈火逐渐熄灭了。

## 第一章
### 文墨少女，豆蔻年华

1895 年 2 月 5 日，"来远"舰经历了它最后的战斗。日本鱼雷潜艇偷袭，导致"来远"舰沉没，红色的舰底露出，仿佛一场沉重的谢幕，威名远扬的"来远"舰就此消失。谢葆璋随舰落入海水，在极为危险的情况下，他拼命游上岛，终于保住了一条性命。谢葆璋赤足辗转了好些地方，脚上磨起了血泡也不在乎，饥肠辘辘的时候，就遍地寻找野菜充饥。他强忍着身上的伤痛，靠着强大的意志力活了下来。

人生总是起起伏伏，有时候没有选择的余地。清廷在北洋海军全军覆没之后随即将幸存的官兵遣散，于是谢葆璋回到了老家福州。

这时候，婉莹的母亲杨福慈很久没有丈夫的消息，早已经心急如焚。杨福慈是一位温良贤淑的中国传统女子，她 14 岁时父母相继去世，只得跟着叔父一起生活。19 岁时嫁给谢葆璋，夫妻俩十分恩爱。然而，丈夫行军打仗，最担心的莫过于妻子。翘首以盼望夫归，声声哀叹两行泪。杨福慈不敢想象如果没了丈夫，自己应该如何活下去！她着急得如同热锅上的蚂蚁，当她看到很多邻居家已经糊上了白纸以寄托哀思，瞬间感到万念俱灰！绝望的她买了一盒鸦片膏，如果确认丈夫阵亡，自己也会随他而去……

好在上天垂怜，令杨福慈意想不到的是，丈夫谢葆璋竟然靠着强大的意志力回到了家！心之所向，素履以往。当谢葆璋拼尽全力推开家中的门时，杨福慈激动得满眼泪花，她的世界又明亮了起来。

婉莹母亲生的前两个孩子全部都夭折，所以她格外珍视婉莹这个女儿。婉莹出生的时候，谢氏大家族已经有三个女儿。都说

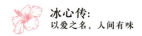
**冰心传：**
以爱之名，人间有味

女儿是妈妈的小棉袄，孩子们在哪里，哪里就有欢声笑语。谢氏全家人都非常喜欢这几个女孩子。恰好那时候家中的三蒂莲也争相开放，寓意吉祥。祖父后来告诉婉莹："园里最初开三蒂莲的时候，正好我们大家庭中添了你们三个姊妹。大家都欢喜，说是应了花瑞。"

千里马常有，而伯乐不常有。人在苦难的时候能遇良人提携，是一件极其幸运的事情。1901年，谢葆璋被萨镇冰看中，任"海圻"巡洋舰副舰长一职。

萨镇冰是中国海军史上一位重要的人物，对海军发展的影响较为突出。他一生行善积德，是名副其实的大善人，在老百姓中的口碑极高。冰心的《记萨镇冰先生》第一段是这样说的：

> 萨镇冰先生，永远是我崇拜的对象，从六七岁的时候，我就常常听见父亲说："中国海军的模范军人，萨镇冰一人而已。"从那时起，我总是注意听受他的一言一行，我所耳闻目见的关于他的一切，无不增加我对他的敬慕。时至今日，虽然有许多儿时敬仰的人物，使我灰心，使我失望，而每一想到他，就保留了我对于人类的信心，鼓励了我向上的生活的勇气。
>
> （《记萨镇冰先生》）

"海圻"属于北洋水师，这样一来，谢葆璋就不能经常回家团聚了。那个时候，婉莹还不满一周岁。但好在上海是各个航线的中转站，巡洋舰无论朝哪个方向行驶，都会在这里停留几日，

# 第一章
## 文墨少女，豆蔻年华

所以谢葆璋和家人商量之后，决定把家里人接到上海的昌寿里，这样就能够时常和家人团聚，不用再受思念之苦。

"婉莹"这个名字是二伯父起的。她出生后，祖父曾找算命先生算命，说她应该是男命，八字里缺火，取"莹"（瑩）字是因字头上有两个"火"。

新生命总是让人感到幸福。婉莹小的时候，肉乎乎的，特别可爱。七个月的婉莹正是咿呀学语的时候，父亲和母亲极其喜爱这个可爱的宝宝，把她抱在怀里，眼睛舍不得离开她。婉莹总是被父亲逗得"咯咯"笑，谢葆璋非常自豪地向妻子炫耀，妻子却说孩子已经会叫"妈妈"了，谢葆璋说自己没有听到，所以不相信。婉莹的降生，让这个小家充满了甜蜜与温馨。父母都十分疼爱这个女儿，小家庭里增添了无尽的欢声笑语。

谢家和谐、轻松的家庭氛围为婉莹的成长提供了一个温暖的环境，婉莹的祖父、继祖母、母亲和父亲又给了她无尽的关爱。继祖母是一位心灵手巧的老人，擅长做衣服。和别的孩子比起来，婉莹的衣服总是更大方得体而且美观时尚。继祖母总是把婉莹打扮得像小公主一样漂亮。她知道婉莹的母亲不喜欢太花哨的颜色，就给小婉莹用白洋纱做衣裤和背心，还缝上了精美的黑边。婉莹每次和父母一起出去，都会引来很多羡慕的目光。

有家才有爱，有爱才有家。婉莹有一个幸福温馨并且充满爱的童年，她的内心总是充盈着欢乐，这对她今后的性格养成也有很重要的影响。

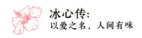

## 2 博览群书

有人说，书籍是全世界的营养品，生活里没有书籍，就好像没有阳光，智慧里没有书籍，就好像鸟儿没有翅膀。

充实的童年生活让婉莹获得了很多其他同龄孩子没有的知识。婉莹天资聪颖，家中条件也比较优越，这也为她今后的写作之路打下坚实的基础。

安家落户之后，生活也走上了正轨。家有小女初长成，婉莹总喜欢缠着忙于工作的父亲叽叽喳喳、问个不停，父亲想让女儿自己去学习，于是指向墙上的对联。

此地有崇山峻岭茂林修竹
是能读三坟五典八索九丘

父亲对婉莹说："你可以学着认认字吗？你看对子上的山、竹、三、五、八，这几个字不都是很容易认得的吗？"懂事的婉莹便听从父亲的话，反复练习这几个字。婉莹自小聪慧，对文字的认知力和理解力都非常敏锐。很快地，她能够熟练地写出对联上的文字。

# 第一章
## 文墨少女，豆蔻年华

婉莹眉眼清秀，说起话来像黄莺打啼，深得长辈们的喜爱。

1902年，因父亲谢葆璋奉命到山东烟台任职，筹建水师学堂，一家人便随其来到了烟台。来到烟台后，他们住在烟台东山北坡上的海军医院里。这个地方视野非常宽广，从走廊上向东望去就是大海，这让小婉莹兴奋极了。

婉莹的母亲杨福慈是一位很开明的人，婉莹小时候受母亲的影响很大。杨福慈虽然受的是传统教育，但她是一位很有思想的妇女，她热爱文学，也关心时事政治。

冰心在《寄小读者》中有很多讴歌母亲的文字，催人泪下、直抵心灵。

> 母亲，你是大海，我只是刹那间溅跃的浪花。虽暂时在最低的空间上，幻出种种的闪光，而在最短的时间中，即又飞进母亲的怀里。
>
> （《寄小读者·通讯二十八》）

> 小朋友，可怪我告诉过你们许多事，竟不曾将我的母亲介绍给你。——她是这么一个母亲：她的话句句使做儿女的人动心，她的字，一点一划都使做儿女的人下泪！
>
> （《寄小读者·通讯十二》）

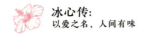
**冰心传：**
**以爱之名，人间有味**

  她的爱不但包围我，而且普遍地包围着一切爱我的人；而且因着爱我，她也爱了天下的儿女，她更爱了天下的母亲。小朋友！告诉你一句小孩子以为是极浅显，而大人们以为是极高深的话，"世界便是这样地建造起来的！"

  世界上没有两件事物是完全相同的，同在你头上的两根丝发，也不能一般长短。然而——请小朋友们和我同声赞美！只有普天下的母亲的爱，或隐或显，或出或没，不论你用斗量，用尺量，或是用心灵的度量衡来推测；我的母亲对于我，你的母亲对于你，她的和他的母亲对于她和他；她们的爱是一般的长阔高深，分毫都不差减。小朋友！我敢说，也敢信古往今来，没有一个人敢来驳我这句话。当我发觉了这神圣的秘密的时候，我竟欢喜感动得伏案痛哭！

（《寄小读者·通讯十》）

  冰心在日后的文学之路上一直倾情讴歌母爱，她深情地告诉人们要爱自己的母亲，母爱才是这世上最珍贵的情感。

  母亲杨福慈如此开明也和她曾经的经历有关。在嫁给谢葆璋之前，她曾在娘家为哥哥结婚的事情出主意，却被堂祖母训斥说女孩子不应该多嘴，杨福慈感到了耻辱。她后来立志要让女儿做新时代的女性，学习知识，接受教育，做一个人格独立的女子，不能再像自己那样，因为是女子，连说一句话的资格都没有。小婉莹聪明伶俐，勤奋好学，有良好的资质和禀赋，这让母亲杨福

# 第一章
文墨少女，豆蔻年华

慈非常欣慰。

父母是孩子的第一任老师，婉莹的父亲和母亲对她的人格、习惯的养成都产生了很重要的影响。在婉莹的家中，教育有时候不是一件刻意的事情，帮父亲做文书工作的舅舅在生活中也会传授给她一些知识。这种在家庭生活中接受知识的方式很自然，婉莹自然也记得牢固。

但婉莹当时毕竟是小孩子，自律性没那么强，学习方面也需要大人的约束。婉莹跟着母亲认字，母亲杨福慈习惯用"字片"的形式教婉莹识字，通过这种传统的认字方式，婉莹也能学会汉字，但是她内心当中是不太喜欢的。哪个孩子没有童真？哪个孩子不爱玩？她本来就对认字没有太多兴趣，身边有了大海和山的"诱惑"，这下她更想出去看看外面的世界了。

母亲负责基础教育，婉莹的舅舅则喜欢给她讲故事。1906年，由于家里添了一个弟弟，母亲忙于照顾弟弟，所以由舅舅来教婉莹。小婉莹喜欢听故事，于是舅舅给她生动地讲解书本里的故事。舅舅是一个很会讲故事的人，他经常在空闲的时候给婉莹讲《三国志》，小小的婉莹被故事情节深深吸引，经常听得入迷。可是舅舅有时候忙于工作，不能总给婉莹讲故事。索性，婉莹自己去读。

婉莹虽然认识很多字，但是读《三国志》还是很困难的。但是她不甘心，舅舅没时间给她讲，她就自己看！她捧着书，不认识的字就猜，反正是囫囵吞枣、半知半解地读起来，但是天资

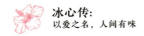
**冰心传：**
以爱之名，人间有味

聪慧的她还真能读懂。小小的孩子捧着一本厚厚的大书，那读书的模样真是美好。

一个人读过的书、走过的路，都会融入他（她）的气质里。婉莹自小看书，腹有诗书的她有一种特别的亲切感和吸引力，无论是大人还是小孩都愿意靠近她。谢葆璋的朋友们都知道他的女儿会讲《三国志》，每次相聚时都会让婉莹为大家来上一段，婉莹也不怯场，深得大伙儿的喜爱。

婉莹的读书之路从此打开，她对文字仿佛有种与生俱来的喜爱和专注，那是属于她一个人的世界。

读完《三国志》之后，她觉得不够过瘾，又看了很多其他的名著。经典名著传世不朽，其中的精髓定是妙不可言。婉莹在书籍中接触文化，感悟思想，这也早早地锻炼了她敏锐的思维。婉莹不仅会看，还会讲，小小年纪就能绘声绘色地讲"董太师大闹凤仪亭"。婉莹不仅会说，那时候她自己也尝试着写小说。由于看过太多名著，写的内容也都和这些有关。比如她的《梦草斋志异》就是在看了《聊斋志异》之后突发灵感而作，不过因为年纪太小、积累少，写到后来又不了了之了。

即便不能完全读懂，这些名著也开启了一个小女孩丰富的内心，让她知道原来世间有这样美好的方式可以记录精彩。

婉莹爱书之境界超出同龄的孩子，当伙伴们都结伴出去玩的时候，婉莹一个人在看书；当同龄女孩子谈论如何打扮更时髦的时候，婉莹仍然在看书。她有时候完全沉浸在书的海洋中，她的

## 第一章
**文墨少女，豆蔻年华**

　　情感随着书中故事的变化而变化，跟着书中发生的故事哭，跟着笑，跟着遗憾，跟着感叹。她可以什么都不想、什么也不做，就只是捧着一本书，在一个角落里静静地看上一整天。

　　幼年的她不仅显现出对读书的极大兴趣，写作方面比起同龄的孩子更是天赋过人。

　　婉莹的先生非常喜欢这个充满灵气的女学生，在婉莹作文写得好的时候，会"赏小洋一角"，这种奖励的方式激发了婉莹的创作动力。为了得到奖赏，她更加认真地学习作文。婉莹把得来的钱都用在买书上，她托每日送信的马夫到山下的书局给自己代买价钱为"小洋一角"的书，这些书都是她在"说部丛书"目录里面找到的。婉莹年纪虽然小，但是对读书这件事情非常认真，丝毫不马虎。

　　"读书当精而不滥"，这是婉莹的表舅王逢逢告诉婉莹的，意思就是说要精读书、读好书，而不是泛泛而读，不应当"好读书不求甚解"。这也成为冰心一生铭记的教诲。此时的婉莹，读过很多书：《孝女耐儿传》《论语》《左传》《唐诗》《国文教科书》等。她还悄悄读过一些禁书，如《天讨》，这上面有很多对清政府的批判，言辞激烈但是充满了爱国主义情怀。像《暗杀时代》《讨满洲檄》等，她总是在深夜里一个人偷偷地翻看。每本书都像是一条秘密通道，婉莹从这些通道中慢慢认识了眼前以外的人和事物。

　　读书可以正气，婉莹渐渐地也关心起国家大事来。因为《天

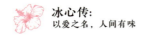
冰心传:
以爱之名,人间有味

讨》是当时中国同盟会的刊物《民报》的增刊,所以一般人看不到,但因为舅舅是同盟会的会员,有朋友将刊物邮寄过来,婉莹才有机会看到。

书香浸染日久,就会日渐玲珑,言语有味,气质脱俗,此书卷气也。

婉莹还是一个善于观察的孩子。对她来说,身边的一切事物都是那样有趣,都充满了知识。五彩的世界,五彩的心灵。婉莹把糖纸上的字也要一遍又一遍地看,还有店铺牌匾上的文字、广告上的句子,她都乐于去研究一番,并且将那些感兴趣的内容全部记下来。她喜欢摘录生活的片段,然后赋予其丰富而深厚的感情,再形成一段段自己的文字。

婉莹对文字的爱是深到骨子里面的,浓烈而炙热,真诚而动人,像阳光一样温暖,像春风一样自然。

11岁是贪玩的年纪,婉莹却放弃了大多数玩乐,一个人静静地读书。婉莹此时已是博览群书,满腹学识。她看过《水浒传》《西游记》《儿女英雄传》《说岳全传》《天雨花》《东周列国志》等名著,还有《孝女耐儿传》《黑奴吁天录》等林纾翻译的外国文学作品,最后竟将"说部丛书"全部看完。这些书在婉莹的脑海中变化成一个个鲜活的故事,她可以把它们放在心里,也可以把它们流利地讲出来。

年少时的婉莹就像一个万花筒,她的脑子里装满了人们猜不到的精彩,她善于观察、善于捕捉,更善于将它们都变成自己的

## 第一章
### 文墨少女,豆蔻年华

故事。

后来,谢家又搬了住所。婉莹开始上学了,她更加喜欢读书,用在读书上的时间也变得更长。

古人说,书中自有千钟粟,书中自有黄金屋。日积月累,书籍变成了婉莹形影不离的好伙伴,那些五花八门、形形色色的内容,让她感觉到这个世界是如此丰富多彩。饱读中国古典文学作品和西方文学名著,这为婉莹日后空灵清澈的写作风格打下了基础。她对文学的热爱达到痴迷的程度,对生活和大自然充满崇敬之情。正因为如此,婉莹才能厚积薄发。古人云,读书破万卷,下笔如有神。正因为有广泛的阅读和积累,未来的婉莹才能创作出那么多脍炙人口,富有时代性、文学性的文章,在文坛上产生深远的影响。

## 3 面朝大海

大海的浪花靠清风吹起,生活的浪花靠理想吹起。冰心的作品中多次提到大海,因为她的童年记忆里有烟台美丽的大海。

在烟台的日子,婉莹日日与大海朝夕相处,她的精神也因此

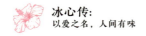
**冰心传：**
以爱之名，人间有味

日益强大起来，并具有大自然的性情。

婉莹的父亲谢葆璋不仅是一名优秀的海军将领，更是一位爱国人士。婉莹在父亲的谆谆教诲之下，从小就培养了强烈的爱国主义情怀。她曾经和父亲在烟台的海边散步，有一段对话令她记忆深刻。

婉莹说："爸爸，你说这小岛上的灯塔不是很好看吗？烟台的海边就是美，不是吗？"

谢葆璋却沉着脸说："中国北方好看的港湾多得是，何止一个烟台？你没有去过就是了，比如威海卫、大连湾、青岛，都是很好很美的……"

婉莹说："您什么时候带我去看看？"

谢葆璋继续说："现在我不愿意去！你知道，那些港口现在都不是我们中国人的，威海卫是英国人的，大连是日本人的，青岛是德国人的，只有，只有烟台是我们的，我们中国人自己的一个不冻港。为什么我们把海军学校建设在海边偏僻的山窝里？我们是被挤到这里来的啊……将来我们要夺回威海、大连、青岛，非有强大的海军不可。现在大家争的是海上霸权啊！"

父亲的话使婉莹若有所思，父亲说不愿去，是因为这些地方本是属于中国的，却被外国占领。他的义愤填膺都是出于自己对祖国深深的热爱。

谢葆璋的爱国情怀深深地影响了女儿婉莹，她幼小心灵里深深埋下的爱国的种子，正慢慢生根发芽。

# 第一章
## 文墨少女，豆蔻年华

婉莹像个男孩子一样，身上带着一种粗狂的"野"气。她不拘小节，有着异于普通女孩子的气魄和思想。也正因为如此与众不同，她才有了更多不同的经历。母亲总是担心地教导婉莹要多在家里学学女孩该学的东西，不要总出去"野"，可是顽皮的婉莹哪能听得进去，总变着法儿地往外跑。母亲就用父亲的名义来吓唬婉莹，告诉婉莹如果她还出去，父亲就会用马鞭"教训"她。可是聪明的婉莹知道慈爱的父亲怎么会这么对待自己，仍然保持一贯作风，想尽一切办法逃出母亲的掌控跑出去玩。果然，父亲并没有教训她，而且还带着婉莹一起玩耍。

婉莹喜欢和父亲在一起，和父亲在一起，也会接触很多冒险刺激的事情，比如骑马。父亲有两匹马，一匹是白色的老马，而另一匹是黄色的小马，白马老实，黄马顽劣。父亲总是让婉莹骑老实的那匹马，自己骑另一匹。时间长了，婉莹开始"觊觎"父亲骑的那匹马，但是每次她有这样的想法，都会被父亲很快否决。

婉莹和母亲的感情好，和父亲的感情也特别深。她喜欢和父亲在一起，听父亲给她讲海上的事情。水师学堂的旗台是用于和军舰上的人传递信息的，父亲告知女儿那里不是玩耍的地方，而且那时候狼特别多，小孩子不能轻易过去。婉莹口头上答应着，但是那宽敞的旗台却是她幼小心灵的向往之地。

有一天，吃完晚饭之后，婉莹发现父亲不在家，便出门寻找，她看到旗台上有人影，一猜便是父亲。兴奋的婉莹忘了父亲

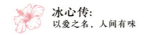
冰心传：
以爱之名，人间有味

告诉过她的话，只身去寻父亲。婉莹对着人影大喊，父亲听到了婉莹的高声呼喊，马上从山上跑下来。而此时，婉莹的身后真的有一匹狼，婉莹自己却毫不知情。谢葆璋赶忙把狼吓退，并抱住女儿耐心安抚，幸好是虚惊一场。父亲没有批评女儿，索性就满足了婉莹的一个愿望，带她去了一趟旗台。看着夜空中的繁星，父亲告诉她，海军就是靠它们辨别方向，婉莹出神地望着天空，静静地依偎在父亲的身旁，听着父亲说的每一个字，思绪也在这明亮的夜空中飞翔。

在烟台的时候，谢家的住处也是几经变化，但正因为如此，婉莹才有机会认识更多的人和物，感受到更多不同的生活方式。

海军训练营是距离大海最近的地方。搬到训练营旁边后，婉莹常常跑到训练营和海军士兵们聊天。营中的军人都喜欢这个冰雪聪明的小姑娘，愿意与她一起谈天说地。婉莹也了解到很多关于军人的故事，她热爱军旅生活，热爱保家卫国的军人。

和大人相处，婉莹学到了不同的思维方式。尤其是萨镇冰等人，他们的谈吐和学识都非同一般，而且具有较高的情操和修养，婉莹在和他们接触的时候，开阔了眼界，增长了学识，小小的心灵也不断丰盈起来。婉莹由此得到了很多其他孩子得不到的经历和教育。

而大多数日子里，婉莹都与海洋为伴，感受它的辽阔多彩。长大后，冰心在作品中提到自己对海的热爱：

## 第一章
文墨少女，豆蔻年华

  这是我童年活动的舞台上，从不更换的布景。……在清晨，我看见金盆似的朝日，从深黑色、浅灰色、鱼肚白色的云层里，忽然涌了上来；这时，太空轰鸣，浓金泼满了海面，染透了诸天。……在黄昏，我看见银盘似的月亮，颤巍巍地捧出了水平，海面变成一道道一层层的，由浓墨而银灰，渐渐地漾成闪烁光明的一片。

（《海恋》）

  大海是原始的，大海是新生的，大海是斑斓的。冰心爱大海，即使是一个人的时候，她也会经常来到大海边，开阔的海洋给予了冰心无限的想象和丰富的内心。

  亲情，友情，辽阔的大海，婉莹在这个充满爱的世界里渐渐成长、蜕变。

  1911年，谢葆璋在工作上几经挫折，最后辞职还乡。一家人时刻关注着时局。

  1911年10月10日，辛亥革命爆发。当晚，新军工程第八营的革命党人打响了武昌起义的第一枪。汉阳、汉口的革命党人分别于10月11日夜、10月12日攻占两地。武昌起义胜利后，短短两个月内，湖南等十五个省纷纷宣布脱离清政府独立。

  在谢葆璋一家人到达福州之前，这个举国振奋的消息就已经传开了，而且当时著名的黎元洪大将军还是谢葆璋的同班同学，他发布的檄文引起了很大反响。革命军呼吁社会上的仁人志士慷

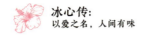

**冰心传：**
**以爱之名，人间有味**

慨解囊，为起义贡献一份自己的力量。这样的号召深深地感染了婉莹。当时，婉莹将自己平时节省下来的零花钱捐了出去。

离开了烟台，"晴明之日，海不扬波，我抱膝沙上，悠然看潮落星生"的日子结束了，"风雨之日，我倚窗观涛，听浪花怒撼崖石"的岁月也远去了，但是没变的是"我闭门读书，以海洋为师，以星月为友，这一切都是不变与永久"。

婉莹的八年海边生活结束了。当她步入中年的时候，曾对自己的童年影响有一个非常准确的评价。

> 第一是我对于人生态度的严肃，我喜欢整齐、纪律、清洁的生活，我怕看怕听放诞、散漫、松懈的一切。
> 第二是我喜欢空阔高远的环境，我不怕寂寞，不怕静独，我愿意常将自己消失在空旷辽阔之中。……
> 第三是我不喜欢穿鲜艳颜色的衣服，我喜欢的是黑色、蓝色、灰色、白色。……
> 第四是我喜欢爽快、坦白、自然的交往。我很难勉强我自己做些不愿意做的事，见些不愿意见的人，吃些不愿意吃的饭！……
> 第五是我一生对于军人普遍的尊敬，军人在我心中是高尚、勇敢、纪律的结晶。关系军队的一切，我也都感到兴趣。
> 说到童年，我常常感谢我的好父母，他们养成我一种恬

## 第一章
### 文墨少女,豆蔻年华

淡,"返乎自然"的习惯,他们给我一个快乐清洁的环境,因此,我在任何环境里都能自足、知足。我尊敬生命,宝爱生命,我对于人类没有怨恨,我觉得许多缺憾是可以改进的,只要人们有决心,肯努力。

(《我的童年》)

坦诚、率真、自律、内心充满爱,无论是在思想上还是生活中,冰心都是这样一个人,她后来的文章,无论是猛烈抨击社会现象,还是饱含深情地讴歌亲情,也都将其鲜明的情感表达得淋漓尽致。

## 4 重归故里

人生的风景总是在不断变化,不论是起是伏,一切变化都是生活给予我们最真实的礼物。

1911年秋,一家人回到了福州,婉莹跟着父母回到了故乡。对于这次回归,父亲感慨万千。

在烟台海军学堂举办的运动会上,几个学生因为一项锦标起

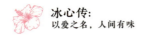
**冰心传：**
以爱之名，人间有味

了纠纷，闹得不可开交，后来事态愈发严重，谢葆璋身为校长为此事忙到焦头烂额，仍旧无济于事。而正在此时，清政府派郑汝成来查办此事，郑汝成和谢葆璋曾经是同学，他告诉谢葆璋，有人告密海军学堂里有同盟会成员，建议其马上辞职，以免受到牵连。就这样，谢家举家重归故里，即便有不舍，也要忍痛离去。

福州有"榕城"之称，温度适宜，景色怡人，和海边的烟台相比，显然是大有不同，但是婉莹同样热爱这里。在冰心的笔下，福州是一个充满温情的地方，她的作品中曾有描写：

清晓的江头，
　白雾濛濛；
　　是江南天气，
雨儿来了——
　我只知道有蔚蓝的海，
　　却原来还有碧绿的江，
这是我父母之乡！

（《繁星·一五六》）

回到福州后，婉莹一家人住在林觉民的故居。林觉民，字意洞，号抖飞，又号天外生，福建闽侯人，少年之时便接受民主革命思想，留学日本，加入了中国同盟会。1911年4月24日，写下绝笔《与妻书》，后参加广州起义，英勇就义，是"黄花岗七

# 第一章
## 文墨少女,豆蔻年华

十二烈士"之一。林觉民是林徽因的堂叔父,后来,冰心和庐隐、林徽因被并称为"福州三大才女"。

这座宅院是林觉民被捕之后,林家为了逃难而卖给婉莹的祖父的,林家避居乡下,谢家一家人便居住在此。这座宅院的建筑风格很讲究,具有典型的福州特色。谢家一共四房人,都住在这里,逢年过节时甚是热闹。

这座房子是名副其实的"书香之家",到处是书画。祖父曾在一间客厅里写了一副楹联,同时也是一句自勉的话,这句话对婉莹的影响非常大:"知足知不足,有为有弗为。"这句话是说,人在很多方面要学会知足,同时在很多方面也要知不足。要辩证地看待人生,对于生活要勤俭自强、不要铺张浪费,对于知识要求知若渴、不断进步。该做的事情就大胆地去做,不该做的事情要敬而远之。这句话成为婉莹人生的座右铭。

东院厅堂里的楹联也对她产生了很深刻的影响:"海阔天高气象,风光月霁襟怀。"

婉莹当时喜欢看清代袁枚的《子不语》和她祖父朋友林纾老先生翻译的《茶花女遗事》,这也是她追求西方文学的开始。婉莹沉浸在这些作品当中,在自己眼前的生活之外,继续追寻精彩的世界。

回到福州后,婉莹的童年生活也结束了,她已经出落成一个亭亭玉立、知书达理的少女。她的"野性"也随之收敛,开始知道像同龄女孩子那般打扮自己了。

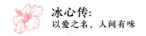
冰心传：
以爱之名，人间有味

　　婉莹读书的好习惯和祖父息息相关，祖父经常在书房里看书，婉莹也和祖父一起看。祖孙二人饶有默契地在书房中读自己喜欢的书。祖父也格外疼爱自己的小孙女，还送给她一句话："为善最乐，读书更佳。"善良才是一切美好的源泉，祖父希望婉莹拥有博大的胸襟，去探索更广阔的人生。

　　婉莹在学习成绩上从来不让家人操心。1912 年，婉莹考取了福州女子师范学校预科，那时候她刚刚 12 岁。父亲将她送到学校，学习现代科学知识。成为学生的婉莹把心思集中在学业上，她的成绩名列前茅，深得各位老师的喜爱，在学校里热情开朗、乐于助人的她，还认识了好朋友王世瑛。

　　青春的歌，如诗如画，如云如水。

# 第二章

## 学海无涯,乘风破浪

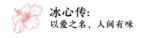

# 1 剪子巷口

如果生活就这样继续，也许一切都会波澜不惊，然而，婉莹的一生注定不会平凡，命运给了她更多的考验。无论经历怎样的变化，身处在怎样的环境之中，婉莹都一直坚持读书学习。

在福州的生活是美好而充实的，但安逸的生活很快就结束了。次年，谢家又发生了一次迁移。时任临时政府海军部总长的黄钟瑛给谢葆璋打电话，通知他到海军总司令部任职。

军命不可违，即便要离开熟悉的地方去陌生的北方工作和生活，谢葆璋也必须服从。

婉莹一家经水路到达天津，又乘火车到达北京。婉莹离开了学校，离开了熟悉的环境，要开始去适应新的生活，心中充满了不舍。从福州到北京路途遥远，婉莹一路上心情不佳，无聊的时候就看看窗外的景色，北方单调无趣的风景和南方丰富多彩的风景形成了鲜明的对比，这更加增添了婉莹的伤感之情。

到达北京以后，生活也发生翻天覆地的改变，那些光着脚丫无忧无虑地在大海边奔跑、和父亲骑着马儿的快乐时光也都成为记忆中最美好的部分。

## 第二章
学海无涯,乘风破浪

当时的心情,冰心在后来的作品里有提到过:

> 我的生命的列车,一直是沿着海岸飞驰,虽然山回路转,离开了空阔的海天,我还看到了柳暗花明的村落。而走到北京的最初一段,却如同列车进入隧道,窗外黑乎乎的,车窗关上了,车厢里的电灯亮了,我的眼光收了回来,在一圈黄黄的灯影下,我仔细端详了车厢里的人和物,也端详了自己……

(《我到了北京》)

北京的胡同总是给人"柳暗花明又一村"之感,谢家新家在铁狮子胡同里面的一条小胡同里,里面有一条弯曲的小巷子叫作剪子巷,婉莹家就住在剪子巷14号。大门口左侧挂着"齐宅"二字——新家是谢葆璋从齐家租来的。"齐宅"大门的左边是个三合院,里面有三间正房,两明一暗,正房前面还有廊子,东西各有一个套间,每个套间里都有砖头砌的炕,彰显了北京建筑风格。除了正房以外,还有三间东厢房,三间西厢房。东边用作谢葆璋的书房兼客厅,西边用作舅舅的卧室兼孩子们的书房。安排得满满当当,做到了空间最大化利用。

这座宅子具有传统北方建筑的特点和样式,而且同样充满了书香气息,房间的每个隔扇里都有书画或者诗句,看起来非常巧妙。这些都给婉莹留下了非常深刻的印象。冰心老年回忆起那些

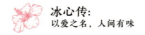

书画和诗句时，仍然记忆犹新。

当时的政治背景使谢葆璋的爱国情怀受到了沉重打击，虽然在海军部担任较高的职务，他却再也不像从前那样意气风发、干劲十足。为了消磨时间，他在院子里砌了一个花台，后来又在院子里架起了葡萄架子，栽上了葡萄秧。谢葆璋把精力都投入在这些花花草草上，不愿与当时的政治人物同流合污。

谢葆璋把院子打理得井井有条，院中春时百花齐放，蜂蝶共舞。他还特地搭了一个秋千，这样，街坊四邻的孩子总愿意来玩，人一多，院子里就热闹起来，就连卖玩具的也总是挑着卖货担子在此逗留。糖人儿、面人儿……各种好玩的物件，好吃的点心，在婉莹的记忆中始终是那样鲜活。孩子们总到这里来玩，时间长了就称这里为"谢家大院"。

婉莹喜欢去王府井看来来往往的人群，喜欢去戏院听戏，喜欢吃北京的特色小吃，喜欢和舅舅一起去逛东四牌楼的庙会。婉莹逐渐喜欢上这座城市，不再像刚来的时候那般感到陌生，北京在她心中逐渐刻上深深的印记。

时间让人成熟，也让人成长。此时的婉莹变得更加成熟懂事，她不再是那个每天吵吵闹闹地要和父亲骑马的"野孩子"了，而变得文静懂事起来。

初到北京，与曾经熟悉的小伙伴相隔千里，婉莹感到寂寞。她又开始写作，用文言文写了两篇小说，但是都像之前一样，写一些就放弃了。

## 第二章
学海无涯，乘风破浪

婉莹这段时间没有上学，也不愿意出去玩，每天都待在家中。这时候的婉莹多了一份少女的宁静，像一朵盛开的小花，安静却幽香。

当然，婉莹在家里也没闲着，她开始辅导弟弟们的功课，她有自己的方式，辅导功课时并不按部就班。婉莹读过很多书，而且记忆力非常好，她把很多故事经过自己加工，再绘声绘色地讲给弟弟们听，既丰富了弟弟们的见闻，也锻炼了自己的语言表达能力。她还会和弟弟们做游戏，帮母亲做家务，一家人其乐融融。这一段时间加深了婉莹和家人之间的感情。

时间过得太快，有时候快得让人不知所措，回望从前，年少时光已如流水般一去不复返。人只有不断向前走，才是对过去最好的延续。

冰心一生四海为家，上海、烟台、福州、北京，丰富的生活经历，让她在青少年时代就拥有一个开阔的视野，思考问题时也比别人更成熟。在作品中，冰心表达了她对北京深深的感情。

> 只有住着我的父母和弟弟们的中剪子巷才是我灵魂深处永久的家。连北京的前圆恩寺，在梦中我也没有去找过，更不用说美国的娜安辟迦楼，北京的燕南园，云南的默庐，四川的潜庐，日本东京的麻布区，以及伦敦、巴黎、柏林、开罗、莫斯科一切我住过的地方，偶然也会在我梦中出现，但都不是我的"家"！

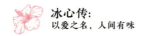

**冰心传:**
以爱之名,人间有味

……前天下午我才对一位年轻朋友戏说,"我这人真是'一无所有'!从我身上是无'权'可'夺',无'官'可'罢',无'级'可'降',无'款'可'罚',地道的无顾无虑,无牵无挂,抽身便走的人,万万没想到我还有一个我自己不知道的,牵不断,割不断的朝思暮想的'家'!"

(《我的家在哪里?》)

家是雨中伞,风雨能遮挡;家是雪中炭,暖人抵严寒;家是避风港,风暴能避让。无论走到哪里,家永远是心中最温馨的地方。

# 2 学业升迁

闲逸的时光总是美好的,可是正值青春年少的婉莹怎能一直这般安逸,她是待不住的。1914年,婉莹主动提出来想要上学,这个想法得到家里人的支持。舅舅为此奔波,终于为她物色到一个合适的学校——贝满女中。学校是经过舅舅精心考察的,位于灯市口公理会大院西北角,在楼宇转角的地方,赫然写着四个金

## 第二章
### 学海无涯，乘风破浪

色大字"贝满中斋"。婉莹在这里开始了一段新的学习生活。

贝满中斋是一所基督教公理会办的学校，用的是中国传统学校的叫法——大学称为书院，小学称为蒙学，中学称为中斋，该学校办学有50年的历史，在当时口碑相当不错。在这里，婉莹打开了新的视野。

婉莹踏入贝满女中的大门，也就意味着踏入了一种新的学习生活。迎接她的是一位美国女教士，她是贝满中学的女校长斐老师。进入贝满女中要经过一个小小的考试，斐老师将婉莹带到一间教室。婉莹开始觉得很紧张，但是老师出了一道作文题，恰好，这道题婉莹在家里练习过，她一挥而就，洋洋洒洒写了一大篇。斐老师看了后，对婉莹的写作能力啧啧称赞，不禁感叹婉莹如此年纪竟有这么好的写作功底，表示十分满意。就这样，婉莹顺利地进入了贝满女中。

婉莹的文章写得出色，不光得到了斐老师的赞扬，也经常得到其他老师的褒奖和高度认可。当时在学校，学生每周都要写一篇作文，在一次测验中，由于老师非常欣赏婉莹的文章，坚持要给婉莹打120分的高分，但满分只有100分。这使得教务处的老师哭笑不得，但是那位老师依然坚持，可见当时老师对这位富有才情的女学生是多么认可和喜爱了。同学们也非常敬佩这位小才女，每次有写作文的课的时候，婉莹总是写得又快又好，而其他同学则是抓耳挠腮，很多同学还会"贿赂"婉莹，让她帮忙写。婉莹写完自己的文章之后，有时候也会帮其他同学写上几篇。婉

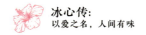

莹因为文章写得好,在学校里也算一个小有名气的"名人"了。

婉莹在少女时代展露出了写作上的过人才华,她的文笔流畅、思路新奇,读其文章者无不称赞。

然美玉虽好,也有瑕疵,毕竟人无完人。婉莹文章固然写得好,学习成绩却严重偏科,文科强、理科弱的问题让她很是苦恼。对于文科方面,婉莹学起来毫不费力。因为她在小时候就经常涉猎历史、地理,学起文科来自然是得心应手。可是代数、几何自己从未接触,学起来就很吃力。第一次考试,婉莹的数学成绩排名非常靠后。

生性要强的婉莹感到非常苦恼,她把遇到的问题告诉了老师和母亲,和蔼可亲的老师鼓励她不要放弃,并给了一些学习建议和方法。于是婉莹努力学数学,在放假期间,母亲还特意请来了老师给婉莹补课。在那个年代,婉莹的母亲能够如此开明,实属难得。终于,在婉莹坚持不懈的努力之下,她的数学成绩终于迎头赶上。

母亲像一盏明灯,总是在婉莹感到困惑的时候给予她正确的指引。母亲对她的爱不但深沉而且能够恰到好处,她是婉莹的母亲,更是她的知心人。婉莹对母亲也无比依恋和信任。

让她努力学习数学的重要原因除了她不服输的精神外,还来自身为海军军官的父亲的教导。父亲谢葆璋曾经告诉过婉莹,作为一个航海家,要掌握很多几何知识。数学和自己心爱的大海有关,婉莹又怎能不努力?

## 第二章
### 学海无涯,乘风破浪

大海承载了谢家两代人的感情,爱国、爱家、爱大自然,大海给予婉莹太多的珍贵记忆和人生道理,赋予她无穷无尽的能量。

因为贝满中学是基督教公理会办的学校,所以学生们必须学习《圣经》,每周周末要去公理会教堂做礼拜,听教士宣传《圣经》。开始婉莹听不太懂,久而久之,她也逐渐熟悉了基督文化,这对后来婉莹的写作思想也有一定影响。

最初的不适应过后,婉莹逐渐融入了学校这个大集体,她参加演讲,参加团体表演,她还参加了学校的篮球校队,和外国来的校园女子篮球队打比赛。她像尽情绽放的花朵,挥洒着青春的风采。

婉莹再也不是那个每天想着怎么淘气的"野孩子",她已经完全适应了学校的生活,成为一个德、智、体、美、劳全面发展的女学生。

当时的政治时局很不稳定,袁世凯复辟称帝,受到口诛笔伐,政治浪潮一浪高过一浪。谢葆璋为了保证家人的安全,特地将他的家人暂做转移。也许是命运冥冥之中的安排,机缘巧合下,婉莹回到了烟台。那是1917年的夏天,婉莹已经成长为少女。回到烟台,虽然有物是人非的感觉,却依然让婉莹感到亲切。大海依然亲切,风景依然迷人,婉莹想在烟台多待一阵子,然而张勋如跳梁小丑,复辟只持续了12天就草草收场。婉莹和母亲、弟弟们过完暑假后又回到了北京。

1918年,18岁的婉莹以第一名的好成绩从贝满女中毕业。

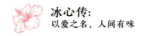
冰心传：
以爱之名，人间有味

青春的小鸟正展开她有力的翅膀跃跃欲试、准备飞翔，去更加广阔的天空闯荡。她依依不舍，以充沛的情感编写了"辞师别友"的歌词和演讲词。

当时毕业的同学基本上有两条路可以选择：当教师或做医生，非此即彼。毕业的18位学生当中，多半选择了回母校当老师。包括婉莹在内的4位同学，则选择了继续读书，直接升入了协和女子大学理预科。婉莹最初的梦想是当一名医生，治病救人，救死扶伤，做一名白衣天使。这个想法也得到家人们的支持，这让婉莹更坚定了从医的理想。

中学时代的磨炼令婉莹稳步成长，战胜重重挑战让她变得更加自信，丰富的集体生活也让她变得沉稳包容。虽然舍不得离开贝满女中，但是结束也意味着新的开始，婉莹将要开启一段新的旅程。

协和女子大学是美国基督教会办的女子大学。婉莹在这里学习到了新的知识，思想也上升到了新的高度。

勤奋的人总会有好运。婉莹在学业上遇到过很多欣赏并帮助过她的老师。比如，婉莹在大学里的理预科老师管叶羽，他严肃认真的治学态度令婉莹非常敬佩，婉莹也从他身上学到了很多宝贵的东西。人和人的缘分有时候就在于此。优秀的学生遇到的机会也多，因为她已经时刻准备好面对一切挑战。面对这样的学生，哪位有思想的老师会不愿意为其点拨一番？恩师就像一棵大树，莘莘学子就是树下的小草，大树为其遮风挡雨，小草才能茁壮成长。

第二章
学海无涯，乘风破浪

# 3 凌云剑笔

如果说婉莹的文章起初是一只漂亮的小鹰，在空中自由自在地飞翔，那么随着时间的推移和学业的磨炼，这只漂亮的小鹰将成长为一只真正的雄鹰，只要有广阔的天空，就会自由而有力地飞翔。

1919年5月4日，北京发生一场以青年学生为主，广大市民、工商人士等共同参与的，通过示威、游行、请愿、罢工、暴力对抗等形式进行的爱国运动。五四运动对中国共产党的诞生和发展起到了重要作用，促进了马克思主义在中国的传播，启发人们从枷锁中挣脱出来，争取平等和自由。

五四运动的发生在当时犹如平地一声雷，它的导火索是在巴黎和会上关于山东问题的处理。北京的学生发起了游行，抗议北洋政府屈辱的外交政策，后来演变到发生"火烧赵家楼"事件。

婉莹此时还在协和女子大学上学，正逢请假在家，因为家中有事，她的二弟得了猩红热，刚刚在医院做完手术，婉莹在医院陪护。婉莹一开始是从女佣张妈口中得知的消息，当天又听表兄说明了运动的具体情况。婉莹听到这个消息后如坐针毡，心早已经飞回学校。婉莹和二弟商量后，便办理了出院，将一切安排妥

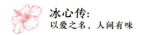
冰心传：
以爱之名，人间有味

当之后就赶忙回到学校。学校里已经成立学生会，婉莹因为擅长写作在学生会中担任文书。五四运动将婉莹的爱国情怀激发出来，时势造英雄，父亲曾经的教诲在耳边萦绕，她要用自己的力量捍卫自己的祖国。但是婉莹没有想到，五四运动的爆发，使她人生轨迹真正地发生了变化，她未来将不再做一名医生，而是朝着作家的方向走近。

五四运动让婉莹的写作有了方向，她的文章充满了正义感，她自己也参加到各种爱国行动中去。

北洋政府准备在《巴黎和约》上签字，令学生们感到极度的失望和愤怒。协和女子大学和其他女校联合组成了后援会，她们到各处去募捐，救援被捕的同学，婉莹成为联合会的积极分子。勇敢的学生冒着被镇压、被捕甚至被杀害的危险，积极奔走宣传。

学生们把愤怒和不满指向腐败的北洋军阀政府，遭到北洋政府残酷打压，政府和学生之间矛盾不断激化。各地采取了不同形式的反抗，中小城市学生罢课、工人罢工、商人罢市等，北洋政府站在了舆论风潮的风口浪尖，顶不住巨大的压力，最后不得不罢免了张宗祥、曹汝霖等人的职务，拒绝签署《巴黎和约》。

在五四运动发生三个月之后的一天，北京地方法院举行了一次特殊的公开审讯，这次审讯令人气愤。北洋军阀政府收买了几个学生中的腐败分子作为原告，十多名爱国的无辜学生本是受害者，却作为被告出现在庭审现场，北洋政府企图用这种方式继续

## 第二章
*学海无涯,乘风破浪*

镇压学生。婉莹所在的联合会积极发动力量,组织各校学生去旁听,以此表示对北洋政府的不满和反抗。

开庭的时候,婉莹一行代表被外围人员拦下,对方称里面位置太窄,要限制旁听人数,婉莹没有轻易妥协,她态度坚决、非进不可。外围人员拗不过,只好让她们进入。庭审现场,著名的律师刘崇佑为爱国学生辩护,他的辩护激昂悲怆,沉痛精彩,婉莹看在眼里,记在心中。她听得痛快淋漓并受到深深的触动。回到家中,便将自己在庭审的所感所想记录下来,像将满腹的慷慨之言全部倾吐而出。《二十一日听审的感想》是婉莹第一篇正式的文章,旨在揭露北洋政府的黑幕。

在学生会的鼓励下,婉莹鼓起勇气找到了表哥刘放园。他是《晨报》的主编,看了婉莹的文章后啧啧感叹,将其发表在1919年8月25日《晨报》的自由论坛专栏里,这也是婉莹在文学路上跨出的第一步。

迫于社会强大的舆论压力,爱国学生终于被释放了。婉莹和她的同学们欢呼着,她们要为了以后的战斗继续努力!

婉莹已然成长为一个爱国女大学生,并在众多爱国学生当中具有影响力和号召力。她所在的北京女学界联合会积极参加演剧筹款活动,她是其中的重要成员。

缘分总是巧合,志同道合的朋友也十分珍贵。在一次排练《威尼斯商人》剧目休息期间,婉莹与在福州女子师范学校的同班同学王世瑛相遇,两个人都特别激动。一阵交谈之后得知,

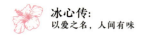
冰心传：
以爱之名，人间有味

　　王世瑛现在在北京女子高等师范学校就读，所读的专业是文学系，两个朋友便又有了很多共同话题。后来婉莹从王世瑛那里得知，福州的爱国学生也在举行各种各样的抗日活动，有学生还因为在街头抵制日货而被日本暴徒活活打死，还有很多市民和学生被打伤，矛盾不断激化升级，婉莹听后十分气愤。

　　王世瑛邀请婉莹一起参加他们组织的福州抗日联合会，一起为家乡声援，她立即答应了王世瑛的请求，加入了他们的爱国组织。

　　后来，在召开福建省抗日学生联合会的时候，婉莹又认识了两位志同道合的朋友，一位是女高师的代表黄英，她就是后来的女作家庐隐。还有一位身材魁梧的男同学，他是铁路管理学院的郑振铎。郑振铎1917年考入该学校，后来投身于新文学运动。

　　婉莹和同学、战友们意气风发，不惧艰难，在爱国运动中勇敢地前进，给无数学生树立了榜样。用婉莹自己的话来形容他们这些爱国的青年学生，就是"包括我自己，就像一泻千里的洪流中的靠近两岸的一小股，它冲不过河岸的阻力，只挨着岸边和竹头木屑一起慢慢地挪动着……"（《回忆"五四"》）一个人的力量虽然很小，但是只要团结起来，爱国力量便是无穷的。

　　经过五四运动的磨炼和洗礼，婉莹迅速成长，她有着独立的思想、强大的内心，她用凌云剑笔，成长为在文学战场上勇往直前的干将。

第二章
学海无涯，乘风破浪

# 4 问题小说

随着婉莹眼界的开阔、经历的丰富，她的文章也随之成熟。她开始关注身边发生的实际问题，少了一些天马行空，多了一些揭露现实的作品。

在《二十一日听审的感想》这篇杂感发表之后，婉莹开始写起了小说。表哥刘放园送给婉莹很多进步杂志和书，让婉莹学习到更多写作的内容和形式。创作中，婉莹给自己起了一个笔名"冰心"。她的第一篇小说《两个家庭》，即用"冰心"为笔名发表，同时这篇小说开启了她创作问题小说的先河。

《两个家庭》这篇小说讲述了两个教育背景相同、就业情况相似的青年男子，在回国后截然不同的经历。一个家庭的太太是旧式的小姐，不持家，只知道自己玩乐消遣，还称其是"女子解放"；另一个家庭的妻子温厚善良，相夫教子，将家中打理得有条不紊。最后，两个男子的结局也是截然相反：在坏的家庭氛围中的男子，家庭和事业都不如意，年纪轻轻就患病去世；而另一个男子虽然对时事灰心，却过着平淡而幸福的生活。

小说取材于父亲谢葆璋给冰心讲过的一个故事，暗示了社会和家庭的不幸是造成男子悲惨结局的双重原因。

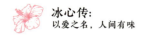
冰心传：
以爱之名，人间有味

冰心在后来的作品中也写到过关于《两个家庭》这篇小说的创作：

> 我酝酿了些时，写了一篇小说《两个家庭》，很羞怯的交给放园表兄。用冰心为笔名，一来是因为冰心两字，笔画简单好写，而且是莹字的含义；二来是我太胆小，怕人家笑话批评；冰心这两个字，是新的，人家看到的时候，不会想到这两字和谢婉莹有什么关系。
>
> 稿子寄去后，我连问他们要不要的勇气都没有！三天之后，居然登出了。在报纸上看到自己的创作，觉得有说不出的高兴。放园表兄又竭力地鼓励我再作。我一口气又做了下去，那时几乎每星期有出品，而且多半是问题小说，如《斯人独憔悴》《去国》《庄鸿的姊姊》之类。

（《我的文学生活》）

《两个家庭》的发表受到了读者们的欢迎。以小见大，平中见奇，看似平凡的故事却揭露出深刻的含义。这也使冰心受到了很大的鼓舞。

但是也有一段时间，冰心感到不知如何下笔，这也许就是写作的人都会遇到的"瓶颈期"。正在苦恼之时，她的表兄给了一些建议：多观察身边的人和事，作品要取材于生活。通过表哥的建议，冰心的关注点集中在了身边的人和事上，周围的同学及其

## 第二章
### 学海无涯，乘风破浪

家庭、社会关系都成了冰心创作的新源泉。冰心的眼界放宽，素材也逐渐多了起来。

于是，《斯人独憔悴》问世。这篇小说讲的是进步青年与封建专制的父亲之间的矛盾。兄弟二人都是爱国青年，他们背着父亲参加了五四爱国运动，但是纸终究包不住火，封建专制的父亲得知了这个消息后大发雷霆，他狠狠教训并阻止两个兄弟继续参加爱国活动，并强行把他们接回家禁足。两个兄弟想尽一切办法也未能逃出父亲的"魔掌"，最后只能相对无言，每日苦闷、彷徨……

在写这篇小说的时候，父亲谢葆璋给予了大力支持。冰心从小生活在和谐美满的家庭中，她不知道封建专制的家庭应该是什么样子，冰心总觉得小说中对人物的语言和心理描绘都不够生动。她求助于父亲，谢葆璋在人物刻画和语言方面给了冰心很多的建议，还绘声绘色地模仿起来，让冰心大受启发，将小说中的人物刻画地更加生动、真实。

无论外面怎样风吹雨打，家都是最和煦温暖的地方。家人对冰心写作的支持让冰心能无后顾之忧，一心扑在创作上，不断推陈出新。

当《斯人独憔悴》在1919年10月7日至12日的《晨报》发表后，引起了很大的关注。因为冰心作品中所反映的问题具有现实意义，她用犀利的笔锋对封建家庭进行了严肃批判，引起了很多心中苦闷却无处诉说的爱国青年的共鸣。这篇小说还被学校

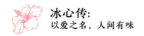

**冰心传:**
以爱之名,人间有味

改编成话剧,在北京新明戏院进行了公演。

随后的问题小说《秋风秋雨愁煞人》描写了爱国女青年被封建家庭无情摧残的故事。秋风,秋雨,愁煞人,题目中的景象都是悲情的,文章也充满了灰暗色调。小说主角是三位爱国女青年,她们都有自己的理想和抱负。她们三人虽是同窗好友,最后却有不同的遭遇。

第一个女孩年纪轻轻就不幸病逝。第二个女孩成绩突出、才貌双全、气质不俗,在同学中很受欢迎,而思想封建的父母在她高中毕业的时候就强制性地将她嫁给了表哥。父亲迂腐无知,见利忘义,他不顾女儿的意愿,认为女子读书无用,应当早早嫁作人妇。他觉得女儿表哥家境富裕、地位显赫,女儿嫁过去,自己也能跟着沾光。但是他错了,女儿嫁过去并不幸福,表哥是个纨绔子弟,每天不务正业,更别提顾家。女孩迫于两个家庭的压力,无可奈何。没有梦想,没有爱情,只有被封建社会摧残的残酷现实。女孩在给"冰心"的信中说,自己的灵魂已经死了。年纪轻轻,她已经对这一眼望到头的人生感到绝望,她这样活着,其实和已故去的第一个女孩子并无区别。

一个是身体上的死,一个是精神上的死,有时候心死了比生命终结还要可怕!冰心借此抨击封建思想给人带来的毒害之深,葬送了一个女子的幸福。冰心以女性特有的细腻描绘出那个时代进步女性的悲哀。在这部作品中,冰心的文笔也越来越娴熟。她不断构思,搜集素材,其问题小说揭露的问题也越来越深刻。顺

## 第二章
学海无涯，乘风破浪

流直下容易，逆流而上却很难。冰心在那个时代，勇于扛起为女性发声的大旗，为女性开了一个良好的先河，让更多女性不再畏畏缩缩，而是勇于反抗并懂得爱惜自己。

冰心的灵感一发不可收拾，作品《去国》延续了之前的写作风格。这篇小说讲述的同样是时代的悲剧：一个出国留学的青年学成归来，回到祖国，踌躇满志，准备大展拳脚。当时正逢辛亥革命失败，面对国家政治动乱的局面，青年根本没有机会展示自己的才华。青年的父亲是一名老革命党人，面对令人失望的社会状况也只能空发牢骚。《去国》的写作角度和视野已经上升到国家命运的高度。这篇小说在《晨报》上连载，同样受到了读者的欢迎。

冰心在写作中不断摸索，如同战士在战场上不断磨炼自己。但只有勇气和信心还远远不够，还要有锋利的武器和娴熟的技巧。冰心以笔为剑，她的一招一式都是经过认真演练和推敲的，所以在文学这个"战场"上她能一直前进。

冰心不只埋头于写作，她也一直在吸收"养分"，从小培养的读书习惯陪伴了她一生，陪伴她从稚嫩的幼苗成长为参天大树。不同年纪对读书的要求和标准不同，随着阅历的丰富，冰心对很多曾经不解的思想也逐渐了然。冰心也喜欢读鲁迅的文章，那一篇篇战斗檄文使她受到了鼓舞。

冰心的灵感像泉眼，源源不断地涌现，那创作之水清澈甘凉，无比解渴。

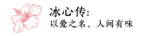
**冰心传：**
以爱之名，人间有味

在《去国》之后，冰心又创作了《庄鸿的姊姊》。这一篇和后期的《是谁断送了你》，都描写了女性在封建牢笼下想挣脱却不得的悲剧。冰心笔下的女性都有一颗积极上进、追求进步的心。小说从侧面抨击了社会现实：制度虽然发生变革，人们的封建思想却没有根除。女性因此遭受的迫害不在少数，冰心看到这些非常痛心，她只能用作品表达抗争。

在冰心创作时，她的家人和朋友（王世瑛）都觉得她的文章过于悲观，因为她的很多小说都说明了社会问题，周围关心她的人都担心这会影响其性格和生活。为此，王世瑛写了一篇文章说明此事，冰心还特地写了一篇文章解释这个问题，她是这样写的：

> 我做小说的目的，是想感化社会，所以极力描写那旧社会旧家庭的不良现状，好叫人看了有所警觉，方能想去改良，若不说得沉痛悲惨，就难引起阅者的注意，若不能引起阅者的注意，就难激动他们去改良。何况旧社会旧家庭里，许多真情实事，还有比我所说的悲惨到十倍的呢。
>
> （《我做小说，何曾悲观呢？》）

冰心的态度很明确，悲哀论调并不是无病呻吟，而是残酷的社会的真实写照。冰心表明自己并不会因小说中描绘的"悲惨"而让自己变得悲观，相反，大家看了这类问题小说应当更加振奋

## 第二章
### 学海无涯，乘风破浪

才对！冰心不希望大家曲解她写问题小说的本意，她是想唤醒更多的人站起来奋斗，而不是因循守旧、冥顽不灵。她早已脱离了当年的稚气，蜕变成一个有主见、有思想的作者。

冰心的创作思路打开之后，作品涉及范围也变得广泛。她的作品开始专注于军人士兵，描写战争中的士兵和普通人的故事。《一个兵丁》《一个军官的笔记》等都是她这段时期的作品。《一个兵丁》讲述了一个士兵思念远在他乡的女儿，恰好，他认识了一个和自己女儿年纪相仿的女孩子，士兵在心底把她当作了自己的女儿。他总是抽时间陪她一起玩耍，这时士兵就会回忆起和自己女儿在一起的美好时光。这部作品侧面反映了战争给人带来的伤害，让普通人妻离子散，让战场上的士兵孤独地思念家乡和家人。

《一个军官的笔记》描写了两个士兵本是亲人，却在战场上相遇，巧合的是，他们所在的军队是对立的两方！最后，两人均在战场上负伤，一起被送进了医院。文章揭露了战争的残酷：战争里没有亲情、友情和爱情，只有杀戮和侵略，战争像恶魔一样扼杀了一切美好的事物。

冰心描写战争和士兵的作品还有《一篇小说的结局》《到青龙桥去》等。冰心能将士兵的故事刻画得栩栩如生，有自己当年和海军士兵接触的原因。她对士兵有着很深的感情，也能从内心深处理解他们的无奈和痛苦，所以她创作的这几篇作品真实地反

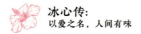
冰心传：
以爱之名，人间有味

映了军营生活的艰难，和战争违背人道的一面。

　　文学源于生活，但高于生活。冰心用优秀的作品证明了其思想的高度，她站在时代的浪潮上勇于发声，是当时进步女性的代表和先锋战士。

# 第三章 文铺锦绣,燕园青春

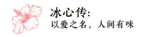

# 1 燕京大学

　　大学，对于年轻人来说是一座神圣的殿堂，融汇了天南地北，融入了社会方圆。五湖四海的同学，丰富多彩的活动，都会呈现在眼前。

　　1918年，通州协和大学与北京汇文大学合并，这在教育界是具有重大意义的事件。但是双方在校名上不能达成统一意见，争执很久都没有定论。最后，全国基督教会给出了建议：既不用协和大学的名字，也不用汇文大学的名字，而是将合并后的学校取名为"燕京大学"。这个名字得到大家的一致认可。

　　1920年初，冰心所在的协和女子大学并入燕京大学，迎来了与男校合并的空前景象，同学们都非常高兴，举行了盛大的联欢会。冰心将学校合并的盛况一一记载，当时的场景详细地跃然纸上，后此文发表在《燕大季刊》上："当此时事变迁，新陈代谢的时候，我们自然不应当恋旧拒新……对于这神龙出没的旧匾额，却也不能不低徊感慨呵！"（《燕京大学男女校联欢会志盛》）这时她看到学校的新气象，一边怀有兴奋之情，一边又有对协和

## 第三章
文铺锦绣，燕园青春

女子大学的留恋之意。

燕京大学聘请了当时在南京神学院任教的司徒雷登担任校长。司徒雷登校长出生于中国，父母都是美国来中国的基督传教士，他曾在美国弗吉尼亚州的潘塔普斯学校、弗吉尼亚大学预科、汉普顿西学院学习，后在里士满迁纽约的协和神学院学习。后来他被长老会派往中国传教，就职于南京神学院。

燕京大学是由通州协和大学、北京汇文大学、协和女子大学合并而成的。学校的校训是"因真理，得自由，以服务"（Freedom through Truth for Service），这句校训是由《圣经》里的两句话融合而成的。冰心后来写了一篇《自由——真理——服务》——发表在《燕大季刊》上。"一切从心所欲，又无一不含于爱，这时便是'自由'。""真理就是一个字：'爱'。""爱"的思想对冰心的影响很大，也体现在冰心很多作品当中。

燕京大学在合并之后更加正规，规模也进一步扩大，冰心也有了更好的平台。学校创立了《燕大季刊》，有写作特长的冰心自然加入其中，任编辑的工作。高年级的许地山、瞿世英等人也加入进来。一群热爱文学的青年聚在一起，总有说不完的话题，谈不完的故事。冰心不再像从前在女校时那样只和女生交往，如今和男同学的交往也多了起来。在同学当中，冰心是一位很受欢迎的女同学。

只有志同道合的人友谊才能更长久，冰心和许地山、瞿世英、熊佛西，后来都成为挚友。许地山和冰心很有缘，两人是校

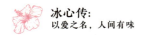

冰心传：
以爱之名，人间有味

友、同事、福州老乡，有着多年的交情；瞿世英是瞿秋白的堂叔，但是年纪不大，他同样是爱国青年，和侄子一起参加新文化运动，后来走向革命的道路；熊佛西，在燕京大学期间经常和冰心一起参加演戏募捐活动，与冰心建立了深厚的友谊。

在伟大的事业面前，长幼辈分显得并不是那么重要，革命队伍里，只有心怀共同目标、并肩作战的战友。

前文提到，冰心有一些作品悲观的论调比较多，她用一篇文章作为回答——她并不是天性悲观，而是需要据实描写出残酷的社会现状，以激发人们的觉醒。

为了这一目标，冰心也写过很多积极向上的文章。当时很多社会问题迟迟得不到解决，使许多仁人志士心灰意冷、爱国学生精神萎靡。冰心想用一篇积极阳光的文章唤起大家的热情，她从现实取材，创作了短篇小说《世界上有的是快乐……光明》。小说描写了五四运动之后的一位青年，因对现实失望，于是决定跳海自杀。当他正要结束生命的时候，却遇到了两个可爱的孩子，孩子们对他说："先生！世界上有的是光明，有的是快乐，请你自己去找吧！"

小孩的话就像寒冷黑夜中一缕温暖的光，让绝望的男子又重拾对生活的希望。这篇小说虽不能说可以拯救人的灵魂，却是当时沉重的文学氛围中的一股清流，它反映了冰心思想中不屈不挠、积极向上的一面。冰心总是能在黑暗中看到光明，也期待这种光明照耀到其他人身上。

## 第三章
### 文铺锦绣，燕园青春

在和平年代，文章可以歌颂盛世，抒发个人感情，而在动乱的时期，好文章是可以救国图存的武器。

冰心的佳作不断，无数爱国青年读了她的作品后被深深打动。虽然不认识冰心这位作者，读者却能通过她的作品确认，他们都会是一条战线的好战友！

冰心对待学生工作极其认真。在《燕大季刊》编委会工作的她非常积极，受到编辑部工作人员的高度信任和认可。冰心相信，千锤百炼后的自己会更加坚强。

1920年7月，直皖战争爆发，少有来稿，加上刊物初创时期没有存稿，决定弃医从文的冰心一个人独挑大梁，担负起了编委会的各项工作，任务可谓繁重。

夜深了，她的办公室还亮着灯，那个瘦弱忙碌的身影不停地工作，仿佛有无穷的力量。编委会的大事小事都靠她自己，稿件不足时，她就一个人多写几篇。

"宝剑锋从磨砺出，梅花香自苦寒来。"此时，她的作品《一个忧郁的青年》应运而生。故事讲述的仍然是五四运动之后青年思想消极的问题，旨在鼓励年轻人要继续保持充满热情、勇往直前的精神品格。

机会对于任何人来说都是公平的，它在我们身边的时候不会十分显眼，而是很普通的存在。真正的机会来到身边的时候，都是朴素的，只有经过有心人的勤奋努力，它才会变得美丽绚烂。

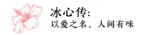
**冰心传：**
以爱之名，人间有味

　　冰心放弃了假期，她一个人伏案写作、审稿、校对，还要协调出版等各方面关系……经过冰心的努力，第三期季刊终于顺利出版。有付出就会有收获，冰心出色的能力和认真的工作态度有目共睹，她也因而被推选为编辑部的副主任。

　　《燕大季刊》是燕京大学的校刊，也是冰心发表文章的新天地，她特别珍视这片文学天地，用心经营，创作出了一篇篇优秀的作品，影响了很多喜欢她的读者。

　　不经历风雨，怎能见彩虹。燕京大学的生活让冰心的阅历更加丰富，她从中得到了宝贵的经验，也学到很多新知识、新思想，因而快速地成长起来。冰心的文章不仅发表在《燕大季刊》，也发表在《晨报》上。她发表在《燕大季刊》上的作品用的都是自己的真名，而发表在《晨报》上的用的都是自己的笔名。那时候，还没有人知道大名鼎鼎的"冰心"，原来就是谢婉莹。

　　"一片冰心在玉壶。"冰心的这个笔名，代表了她的人生格调，而事实证明，她的一生，确实人如其名。

　　《燕大季刊》和《晨报》成为冰心的文学阵地，文学爱好者最幸福的事情不过如此：有地方施展自己的思想和才华，给更多人带来正能量。

　　"海阔凭鱼跃，天高任鸟飞。"冰心就像一只爱国雏鹰，在风雨的沐浴中变得更加顽强，凌空飞翔！

第三章
文铺锦绣，燕园青春

## 2 赤子之心

青春固然美好，但是对于年轻人来说，最难得的是有一颗爱国的赤子之心，冰心把所有的热情都投入到学习、写作和各种校园活动中，用实际行动证明了她的学生时代过得充实而有意义。不忘初心，不负青春。她认为，人要像灯塔一样，为一切不能在夜里航行的人把道路照亮。

冰心非常积极踊跃地参与学校各项活动，用自己的方式表达爱国之情。她不仅把文章当武器，对封建社会进行猛烈抨击，还组织同学们演剧赈灾。她和燕大的同学们一起组织了很多形式的社会活动，目的是给灾区的群众贡献一份力量。

当时，话剧是一种非常流行的表演形式，学生们也都擅长组织这种活动。

比利时作家莫里斯·梅特林克的《青鸟》风靡一时。这是一部童话剧，一共有六幕。冰心擅长翻译，她将这部剧翻译成中文，组织学生们进行了演出。《青鸟》的主角是樵夫的两个可爱的孩子。孩子们在平安夜见到一位仙女，仙女想要为自己生病的女儿寻找一只青鸟，因为青鸟是幸福的象征，所以让孩子们去寻找。两个孩子用仙女的魔钻，召唤了拟人化的灵魂跟随他们。两

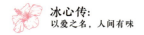

**冰心传：**
**以爱之名，人间有味**

个孩子来到了记忆乡，对那里感到熟悉，因为那里有他们早已经去世的祖父祖母。在记忆乡，孩子们获得了一只青鸟。然而，当他们来到另一个记忆之地的时候，青鸟变成了"黑鸟"。后来，他们来到了夜之宫，发现了很多黑暗的记忆。最终，在夜之宫他们又找到一只青鸟，然而这只青鸟一见到太阳就死掉了。就这样，他们在梦中辗转了好多个地方，反反复复，而青鸟却总是留不住。醒来后，孩子们发现自己回到家中。这时，邻居太太来到家里，请孩子们把他们的小鸟送给自己生病的女儿。孩子们送去了小鸟，发现它变成了青色。青鸟治好了邻居太太女儿的病后，便飞走了。

《青鸟》以童话的形式表达了深刻的含义，旨在告诉人们：赠人玫瑰，手有余香，幸福就在我们身旁。

《青鸟》的演出在当时受到了重大关注，冰心和其他演员不负众望，呈现了一场完美的演出。主角由陈克俊饰演，演员们经过反复排练，精心塑造了每一个人物形象。《青鸟》于11月末在北京青年会上演。当时观众席上坐得满满的，还有很多观众因为没有位置而站在外面。鲁迅等很多文学界知名人士都到场观看。最后，演出很成功，大家将募得的善款共计1200元，全部捐给了北方五省灾民。

除此之外，燕大的学子们还积极筹建赈济所，在受灾最严重的地方建立幼女赈济所，给最黑暗的地方带去温暖和光明。他们收容了很多无家可归的孩子，无微不至地照顾他们，像亲人一样

## 第三章
文铺锦绣，燕园青春

对待他们。

燕京大学的学生们主动走上街头为灾民募捐筹钱，冰心带头去各个大学里组织募捐。他们的行动得到了各个大学的支持，这让他们很欣慰。他们在华语学校募捐时，不仅是大学生，学校的教员都积极捐钱，还热情地让他们留下募捐的工具，好继续组织捐款。冰心和同学们还去了女子高师，同学们同样非常热情，把冰心和其他同学层层包围，争相捐赠，最后筹钱的扑满都装不下了。募捐活动的成功顺利地解决了赈济所的资金问题。

冰心和同学们将收容的孩子聚集到一起，给孩子们提供饭菜，给他们买生活必需用品，以保障他们的日常生活。

赈灾工作持续了将近一年，为受灾地区做出了贡献，得到了社会的高度好评。后来，为了纪念这次有意义的活动，燕京大学特地编写了《燕大青年会赈灾专刊》，将赈灾活动写入其中，冰心为该专刊写了发刊词，这份专刊成为燕京大学珍贵的历史资料。为善最乐，他们的善举，灾区群众都看在眼里，他们也发自内心地感激这群无私的青年。

除了参加赈灾工作，冰心还积极投身于"半日学校"的工作。"半日学校"是由燕大学校开设，专门为平民开办的夜校、识字班。这对一些没时间或者经济上欠缺但是思想进步的人来说，无疑是一个巨大的好消息。

1920年，北洋政府从小学教科书开始逐步废止文言文，采用白话文，这就涉及学习拼音，燕大为此专门开办了"注音字母

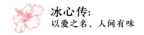
**冰心传：**
以爱之名，人间有味

学校"。冰心担任校长，租场地、请老师以及很多项目都需要花钱，资金就成了问题。

冰心和其他同学延续演剧集资的办法，演绎了剧目《威尼斯商人》。演员们延续了认真演戏的作风，将这部剧演得精彩生动。他们反复排练，不辞辛苦，并且不断开发新剧，又演绎了《第十二夜》。

冰心和同学们动情的演绎，得到了观众们一次又一次的认可，夜校的资金有了着落。青年爱国学生这种"自给自足"的方式让很多人敬佩。

冰心为注音字母学校付出了很多心血。很多家庭妇女由于家务繁忙、思想保守、有自卑感，总担心自己学不会，冰心和其他同学就苦口婆心地开导这些妇女，不断地鼓励她们，打消她们的顾虑。最后，很多妇女放下了思想包袱，积极踊跃地加入到学习的队伍中来。

1921年夏，冰心选择到国文系就读，她的生活就这样又发生了改变。

冰心擅长写作，在学校已经是个名人，转到国文系学习亦是情理之中。国文系老师了解冰心的文学水平，直接将冰心安排到本科二年级学习。当年，冰心应许地山和瞿世英等人的邀请，加入了文学研究会。文学研究会是新文学运动中影响和贡献较大的文学社团，其发起者如沈雁冰、郑振铎等都是后来中国新文学发展史上的重要人物。

第三章
文铺锦绣,燕园青春

# 3 佳作连连

虽然多了一个文学阵地,但冰心的"作战"能力却丝毫未减。在文学研究会中,她文思泉涌、佳作不断。每一篇都能汇入时代的江海,激起翻腾的浪花,让无数人读后拍手称赞。

1918年,《新青年》开始刊登新诗,很多人都开始尝试用白话文来写新诗,冰心也积极响应。1920年12月,冰心在《燕大季刊》上发表了几首新诗。

一个人的思想,
发表了出去;
不论他是得赞扬还是受攻击,
至少使他与别人有些影响。
好似一颗小石头抛在水里,
一声清响跳起水珠来;
接着漾出无数重重叠叠的圈儿,
越远越大直到水的边际——
不要做随风飘荡的羽毛!
吹落在水面上,漾不出圈儿,

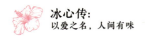
冰心传：
以爱之名，人间有味

反被水沾住了。

（《影响》）

当时，《小说月报》是文学研究会的主要阵地。在这里，冰心和一些志同道合的文友发表了很多经典之作。

对于这些有思想的热血青年来说，有了文学阵地，就像给思想找到了一个归宿，他们可以在这里尽情地挥洒青春、激扬文字。

1921年1月，《小说月报》第十二卷第一期出版，冰心创作的散文《笑》排在了创作栏的第一篇。

《笑》是冰心创作白话文的范例。她以"凉云散了，树叶上的残滴，映着月儿，好似荧光千点，闪闪烁烁的动着"等细节，生动地描写了一幅雨后夜景；又以曼妙的文笔描绘："屋子里的别的东西，都隐在光云里；一片幽辉，只浸着墙上画中的安琪儿……向着我微微地笑。"这些巧妙细微的描写把读者带入其中。通过描绘三幅优美的图画或场景，冰心将物境和感情自然地融合在一起，使"微笑"这一主题得到升华。

冰心的散文文笔流畅，读完令人心旷神怡，如沐春风。从文学的角度看，她的散文写得优美含蓄，潇洒自如，别有一番风情。

《笑》是冰心文学道路的新征程、新起点，后来，她的白话散文《寄小读者》《往事》《山中杂记》等作品也产生了非常大

## 第三章

文铺锦绣，燕园青春

的影响力。

冰心将母爱和父爱融入爱国情怀中，并将之写进小说里，《超人》和《海上》将冰心的这种感情融合表现得淋漓尽致。

《超人》是冰心揭露黑暗、探索人生道路的"问题小说"之一。一个冷漠而内向的年轻人何彬原本对身边的一切都很排斥，他避免与人交流，活在自己的世界里。然而有一天，在他居住的地方附近，有一个叫禄儿的孩子摔坏了腿。何彬在某夜里被一阵痛苦的呻吟声所扰，发现那是一个小朋友的声音后，他心生怜悯，便给了禄儿一些钱看病。

后来禄儿痊愈，何彬要搬走了。他托禄儿帮自己买些绳子，禄儿不仅帮忙买回了绳子，还给何彬写了一封感谢信，这让他感动不已。这件事情令何彬的思想发生了转变，他的心变暖了。他给禄儿回了一封信："世界上的母亲和母亲都是好朋友，世界上的儿子和儿子也都是好朋友，都是互相牵连，不是互相遗弃的。"冰心爱自己的母亲，在《超人》里同样用母爱治愈了主人公，让他不再对这个世界冷眼相看。

《超人》也是一部激发五四运动之后青年斗志的作品，冰心通过伟大的母爱让彷徨的人们看到爱，看到光明，看到希望，这种感情融入，使作品感人至深。

随后，冰心经过酝酿，又写了一篇与父爱有关的小说《海上》。

在小说里，老渔夫给"我"讲述了他8岁的女儿不幸落海遇难的事，他每每想起这件事，就会悲痛不已，看到"我"在海

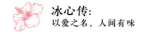

**冰心传：**
**以爱之名，人间有味**

边，便提醒"我"海的危险，让"我"不要在海边玩耍。小说描写了老渔夫的不幸和"我"被父亲疼爱的幸福，赞美了父爱的广博与深沉。

这个故事取材于冰心童年的一个真实故事。童年的记忆对于冰心来说就像是一个装满宝藏的箱子，箱子里还有无数个小小的匣子，每个匣子里都有一个精彩的故事。当冰心的思想和文笔日益成熟，那些匣子里的故事都会成为她今后宝贵的写作素材。

冰心热爱大海，大海在她的作品中出现过无数次。《爱的实现》是另一篇冰心写的和海有关的小说。诗人静伯到大海边写作，两个可爱的孩子给予他无限灵感。只要看到孩子，他写作起来就能如行云流水，可是当孩子不出现的时候，静伯便无从下笔。"他们是海潮般的进退。有恒的，按时的，在他们不知不觉之中，指引了这作家的思路。"

某一天，诗人的作品即将完稿，却发现两个孩子带着伞出去玩到了很晚都没回来，于是出去寻找。当诗人回到家的时候，他发现家中有把湿漉漉的雨伞，原来两个孩子在他家的摇椅上睡下了。等雨停了，孩子醒了之后发现不是自己的家，又拿着雨伞离开了。诗人便文思泉涌，写了无数关于"爱的实现"，表达了对孩子的喜爱，讴歌童年的美好纯真。

除了写作，冰心还在毕业前一年参演了话剧《无风兴浪》，无论是翻译外国文学还是演话剧，冰心都显得得心应手。周作人曾写过一篇关于此事的短讯发表在《晨报副镌》上面：

## 第三章
文铺锦绣,燕园青春

> 燕京大学女校学生将于二十六七两日,下午八时起,假东单三条胡同协和医院大礼堂,特开一游艺会,以所售票款捐助海淀新筑校舍。闻所演者系英国名剧,由该校学生译成话剧名《无风兴浪》,系莎士比亚所做……这是一部喜剧,但其中心重在写风闻与谣传的力量,能够改变人们的命运,仍含有深厚的意义,与平常的悲欢离合的剧本不同……中国新剧尚未盛行,演外国名剧者尤为少见……

时光如梭,转眼间到了1923年,冰心面临毕业。大学生活对于冰心来说是她一生中最为美好充实的岁月,每一个即将离开大学的学子都会感到不舍。冰心获得了文学学士学位,得到了金钥匙奖,又获得美国威尔斯利学院的奖学金(美国威尔斯利学院是燕京大学的姐妹学校),这意味着冰心有了到美国留学的机会。

冰心的英文老师鲍贵思(Grace M. Boynton)十分喜爱冰心,并表示如果冰心去美国,自己可以托家人照顾她,而且鲍贵思老师和她的家人——她的母亲、妹妹也毕业于美国威尔斯利学院,和冰心可算是校友。

父母在,不远游,游必有方。

其实,冰心在出国之前有过一次思想斗争:母亲身体欠安,让冰心这个孝顺的女儿有些放心不下。后来冰心无意间和一位自己熟悉的医生聊到此事,医生告诉她不必担心母亲的病。加上父亲谢葆璋非常支持女儿出国,冰心才慢慢放下了思想上的包袱,

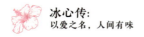
冰心传：
以爱之名，人间有味

坚定了出国留学的想法。

在这个时候，《晨报》开辟了儿童专栏，这算是冰心在临行之前收到的《晨报》的礼物。冰心为其书写了《寄给儿童世界的小读者》，这也是《寄小读者》的开端。《晨报》第一期儿童专栏出版的时候，编者特地解释了没有早些为儿童开设专栏的原因：并不是忽略了此事，而是人员不足。开设儿童专栏，是冰心很早就提出的建议，如今也算是了结她的一桩心事。冰心也从此和小读者们结下了不解之缘。

似曾相识的小朋友们：

我以抱病又将远行之身，此三两月内，自忖已和文字绝缘；因为昨天看见《晨报》副刊上已特辟了"儿童世界"一栏，欣喜之下，便借着软弱的手腕，生疏的笔墨，来和可爱的小朋友，作第一次的通讯。

在这开宗明义的第一信里，请你们容我在你们面前介绍我自己。我是你们天真队里的落伍者——然而有一件事，是我常常用以自傲的：就是我从前也曾是一个小孩子，现在还有时仍是一个小孩子。为着要保守这一点天真直到我转入另一世界时为止，我恳切地希望你们帮助我，提携我，我自己也要永远勉励着，做你们的一个最热情最忠实的朋友！

小朋友，我要走到很远的地方去。我十分喜欢有这次的远行，因为或者可以从旅行中多得些材料，以后的通讯里，

## 第三章
**文铺锦绣,燕园青春**

能告诉你们些略为新奇的事情。——我去的地方,是在地球的那一边。

......

我走了——要离开父母兄弟,一切亲爱的人。虽然是时期很短,我也已觉得很难过。倘若你们在风晨雨夕,在父亲母亲的膝下怀前,姊妹弟兄的行间队里,快乐甜柔的时光之中,能联想到海外万里有一个热情忠实的朋友,独在恼人凄清的天气中,不能享得这般浓福,则你们一瞥时的天真的怜念,从宇宙之灵中,已遥遥地付与我以极大无量的快乐与慰安!

......

冰心

一九二三年七月二十五日

(《寄小读者·通讯一》)

冰心有一颗纯真的童心,她爱孩子,并将爱体现于她的笔下。五四运动以后,白话诗盛行,许多优秀的白话诗词层出不穷,冰心也用这种形式展露了她的纯真心灵。

......
他们是烂漫的,
纯洁的,

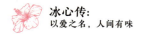
**冰心传：**
以爱之名，人间有味

真诚的。
只有心灵中的笑语，
天真里的泪珠。
他们只知道有光，
有花，有爱。
自己也便是光，
是花，是爱。

（《圣诗·孩子》）

  冰心出国留学前夕，家人既不舍又对她放心不下，叮嘱她一个人在国外要好好照顾自己。英文老师鲍贵思在冰心临行前还给了她好几封信，让她带给美国的家人，嘱咐他们好好照顾冰心。
  冰心像一盏明灯，总是用自己的光亮温暖别人，她也格外受到命运的庇护。
  即使有千般万般的不舍，也终究要离开。冰心写下了令人感动的文字：

  ……涵不言语，杰叹了一口气，半晌说："母亲说……她舍不得你走，你走了她如同……但她又不愿意让你知道……"

## 第三章
文铺锦绣，燕园青春

……

忽然涵望着杰沉重地说："母亲吩咐不对莹哥说，你又来多事做什么？"

……

涵的声音凄然了，"正是不瞒别人，只瞒自己的姊姊呢！"

（《往事（二）》）

冰心始终相信，离别是为了更好的相聚。尽管眼前会流下伤心的泪水，未来再见时一定会有欢喜的笑容。

# 4 繁星·春水

《繁星》和《春水》都是冰心的经典之作，无数首清丽的小诗如纷飞而落的花瓣，扑面而来的是阵阵芬芳和感动。有了爱，就有了一切。冰心赞颂母爱，她将神圣的母爱、诗情画意的大自然变成了一个个动人的音符，谱写了让人深深陶醉的《繁星》《春水》。

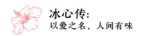

**冰心传：**
以爱之名，人间有味

  1922年，冰心创作的白话小诗《繁星》问世，冰心曾在自序里说，《繁星》的创作灵感源于她非常喜欢的印度诗人泰戈尔的作品《飞鸟集》，因而她仿照了他的诗歌形式来抒发自己的情感。就这样，一首首简单美好却含义深刻的小诗进入人们眼帘。

  繁星闪烁着——
   深蓝的太空，
   何曾听得见他们对语？
  沉默中，
   微光里，
    他们深深的互相颂赞了。

（《繁星·一》）

  残花缀在繁枝上；
  鸟儿飞去了，
   撒得落红满地——
    生命也是这般的一瞥么？

（《繁星·八》）

  冰心曾说："泰戈尔是我青年时代最爱慕的外国诗人。"冰心想像泰戈尔一样挖掘人类内心深处的情感，然后找到和大自然的微妙关联。她的又一力作《春水》紧随着《繁星》的步伐，继续给人们带来一抹温暖的光。

## 第三章
### 文铺锦绣,燕园青春

春水!
 又是一年了,
 还这般地微微吹动,
可以再照一个影儿么?

春水温静地答谢我说:
 "我的朋友!
 我从来未曾留下一个影子,
  不但对你是如此。"

(《春水·一》)

  冰心创作白话诗的灵感如泉喷涌,她在《春水》的标题下写了182首小诗,《晨报副镌》连续登了3个多月才全部登完。诗歌也被上海的《时事新报·学灯》转载,受欢迎程度是冰心始料未及的。在《繁星》《春水》中,冰心以母爱、童真以及大自然为主题,构建了她独有的风格,这些小诗有的清新秀丽,有的饱含深情,有的纯真俏皮,有的浇灌梦想,还有的表达了淡淡的忧思——这些感情也是冰心心路成长的真实写照。

童年呵!
是梦中的真,
 是真中的梦,

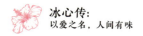

**冰心传:**
以爱之名,人间有味

　　　　　是回忆时含泪的微笑。

　　　　　　　　　　　　　　　(《繁星·二》)

母亲呵!
撇开你的忧愁,
　容我沉酣在你的怀里,
　　只有你是我灵魂的安顿。

　　　　　　　　　　　　　　　(《繁星·三三》)

嫩绿的芽儿,
　和青年说:
　　"发展你自己!"

淡白的花儿,
　和青年说:
　　"贡献你自己!"

深红的果儿,
　和青年说:
"牺牲你自己!"

　　　　　　　　　　　　　　　(《繁星·一〇》)

## 第三章
文铺锦绣，燕园青春

窗外的琴弦拨动了，
　我的心呵！
怎只深深的绕在余音里？
是无限的树声，
　是无限的月明。

（《繁星·二一》）

《繁星》《春水》里这些五彩缤纷的小诗，就像雨后初晴时天空出现的一道美丽彩虹，令人心旷神怡。

相继发表的《繁星》《春水》，用冰心自己的话说，都是记在一个小本子上的零碎思想，但是它们却给读者带来了耳目一新的感觉，很多人都开始模仿这种形式写白话诗。

热爱诗歌的宗白华说："读冰心女士的《繁星》诗，拨动了久已沉默的心弦，成小诗数首，聊寄共鸣。"他创作的小诗集《流云》，也成为小诗的经典之作。

1923年，胡愈之在《时事新报·文学旬刊》上发表过评论《繁星》的文章。

　　自从冰心女士在《晨报副刊》上发表她的《繁星》后，小诗颇流行一时。……使我们的文坛，收获了无数粒情绪的珍珠，这不能不归功于《繁星》的作者了。……小诗的长处是在于能捉住一瞬间的稍纵即逝的思潮，表现出偶然涌现

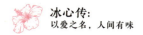

到意识域的幽微的情绪。我读了这些,虽然不能感到惊异,得到魁伟的印象,然能使我们的心灵得到一时间的感通,正如在广漠无垠的大洋中忽然望见扁舟驶过一般。所以短篇的诗句,在文学的鉴赏上也正和鸿篇巨制,有同样的价值。

1933年,王哲甫在《中国新文学运动史》中这样说:

> 谢冰心——在中国新文学运动的初期,在文坛上最负盛名的女作家,要推谢冰心女士了。……她是新文学运动中最早的,最有力的,最典型的女诗人,几乎是谁都知道的。她的诗虽只有《繁星》《春水》两个小册子,但她在诗坛上已有了不朽的地位,《繁星》《春水》里表现出作者的整个灵魂,那样清澈美妙的笔锋,那样超逸的柔情美意,写得多么自然而活泼。她写的虽然多是小诗,显然是受了泰戈尔的影响,但这种诗体却引起了文坛上的共鸣,而造成了所谓"小诗流行的时代"。

周作人在1922年7月被燕京大学校长司徒雷登聘为文学系主任,并在冰心读大学的最后一年里,成为冰心的论文指导教师。在周作人的支持下,冰心完成了毕业论文《元代的戏曲》。

周作人在燕京大学一次文学会演讲的题目就是《论小诗》,虽然他因为生病而没有演讲,但这篇演讲词后来在《晨报》上

# 第三章

## 文铺锦绣，燕园青春

发表了。

  所谓小诗，是指现今流行的一行至四行的新诗。这种小诗在形式上似乎有点新奇，其实只是一种很普通的抒情诗，自古以来便已存在的。本来诗是"言志"的东西，虽然也可用以叙事或说理，但其本质以抒情为主。
  ……冰心女士的《繁星》，自己说明是受泰戈尔影响的，其中如六六及七四这两首云：

深林里的黄昏，
 是第一次么？
又好似几时经历过。

婴儿，
是伟大的诗人，
 在不完全的言语中，
 吐出最完全的诗句。

  周作人能引用自己的小诗，让冰心感到很荣幸，她非常注重周作人对自己作品的评价。
  冰心的《繁星》《春水》掀起了一场写小诗的热潮，对于白话诗的新形式产生了非常重要的影响。直至今日，文学界依然有关于《繁星》《春水》的研究，可见其影响之深远。

# 第四章

## 赴美留学，谱写恋歌

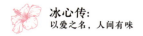

冰心传:
以爱之名,人间有味

# 1 邮轮远航

  冰心从小就和家人生活在一起,相亲相爱,如今要离开心爱的家人,只身一人远去异国他乡,冰心心里依依不舍。但是为了梦想,也为了家人殷切的希望,为了祖国的建设,她决心要成长为更好的自己!带着对家的不舍和依恋,冰心踏上了南下的火车。

  路途是遥远的,首先她沿着津浦路南下,来到山东泰安。她回想起小时候在烟台的日子,回想起她喜欢的大海,虽然没有见到大海,但是童年那些美好的回忆都让冰心备感亲切。

  因此我走出去,问那站在两车挂接处荷枪带弹的兵丁。他说快到临城了,抱犊冈远在几十里外,车上是看不见的。他和我说话极温和,说的是纯正的山东话。我如同远客听到乡音一般,起了无名的喜悦。——山东是我灵魂上的故乡,我只喜欢忠恳的山东人,听那生怯的山东话。

(《寄小读者·通讯三》)

  冰心到达上海后,在上海整理了一路上的所感所闻,写了三篇《寄小读者》。

## 第四章
### 赴美留学，谱写恋歌

1923年8月17日，冰心和百余位学子乘坐"约克逊号"邮轮，踏上了新的征程。

为了和朋友冰心好好道别，好友王世瑛从北京一路追随，到上海送冰心上船。人活一世情最真，冰心被深深地感动了。

踏上邮轮，码头渐渐淡出了冰心的视野，留下的只有安静的海平面。

8月19日，"约克逊号"到达日本神户，邮轮在神户做短暂停留。也许是对祖国思念至深，冰心觉得神户和中国很相像，对这里感觉很亲切。冥冥之中，命运早有定数。此时的冰心还未知自己和日本将会有一段不解之缘，未来的冰心在中日外交关系方面将做出重大贡献。

冰心在《寄小读者》中提到过自己对日本的看法：她并不会仇视日本人，但会保持中国人的原则。冰心将自己和弟弟争糖饼的事情作比喻。

> 我心中虽丰富的带着军人之血，而我常是喜爱日本人，我从来不存着什么屈辱与仇视。只是为着"正义"，我对于以人类欺压人类的事，我似乎不能忍受！
> 
> 我自然爱我的弟弟，我们原是同气连枝的。假如我有吃不了的一块糖饼，他和我索要时，我一定含笑的递给他。但他若逞强，不由分说的和我争夺，为着"正义"，为着要引导他走"公理"的道路，我就要奋然的，怀着满腔的热爱

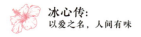

**冰心传：**
以爱之名，人间有味

来抵御，并碎此饼而不惜！

(《寄小读者·通讯十八》)

  邮轮随后到达了横滨，因为天气不好，海浪较大，邮轮偶尔会出现轻微摇晃的情况。船上的人们都心惊胆战，只有冰心非常镇定，因为她太熟悉大海了，她的耳边响起了父亲在临行前对她说的话："这番横渡太平洋，你若晕船，就不配做我的女儿！"冰心勇敢坦然地面对着大海，证明自己不惧怕艰难，自己是海军军官的女儿，能经受得住一切考验！

  冰心在休息的时候还饶有兴致地写了很多"漂流瓶"，然后将这些"漂流瓶"扔到大海中。每个瓶子中都装有一张小纸条，冰心写的多是一些美好的祝福语，如"不论是哪个渔人捡着，都祝你幸运。我以东方人的至诚，祈神祝福你东方水上的渔人！"她还借诗词写了一些自己的心情，像"我欲乘风归去，又恐琼楼玉宇，高处不胜寒"等，她想，如果哪个有缘人捡到"漂流瓶"，都会感到很幸运吧！

  船上生活，是如何的清新而活泼。除了三餐外，只是随意游戏散步。海上的头三日，我竟完全回到小孩子的境地中去了，套圈子，抛沙袋，乐此不疲，过后又绝然不玩了。后来自己回想很奇怪，无他，海唤起了我童年的回忆，海波声中，童心和游伴都跳跃到我脑中来。我十分的恨这次舟中没有几个小孩子，使我童心来复的三天中，有无猜畅好的游戏！

## 第四章
赴美留学，谱写恋歌

  我自少住在海滨，却没有看见过海平如镜。这次出了吴淞口，一天的航程，一望无际尽是粼粼的微波。凉风习习，舟如在冰上行。过了高丽界，海水竟似湖光。蓝极绿极，凝成一片。斜阳的金光，长蛇般自天边直接到阑旁人立处。上自穹苍，下至船前的水，自浅红至于深翠，幻成几十色，一层层，一片片的漾开了来。……小朋友，恨我不能画，文字竟是世界上最无用的东西，写不出这空灵的妙景！

（《寄小读者·通讯七》）

  无论走到哪里，冰心都是一个内心充满了爱的人，对家人，对小朋友，哪怕是对未曾谋面的陌生人，她的内心都有满满的热爱和祝福。

  邮轮航行，走过了横滨、东京，家乡离冰心越来越远了。在船上，冰心把自己对家、对母亲的思念都变成了文字。

  ……
梦里的母亲，
来安慰病中的我，
絮絮地温人的爱语——
几次醒来，
药杯儿自不在手里。
海风压衾，

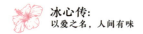
**冰心传:**
以爱之名,人间有味

明灯依然,
我的心,
是如何的惆怅——无着!
循着栏杆来去,——
群中的欢笑,
掩不过静里的悲哀!
"我在海的怀抱中了,
母亲何处?"
天高极,
海深极,
月清极,
人静极,
空泛的宇宙里,
我的心
是如何的惆怅——无着!

(《惆怅》)

冰心好像一叶浮萍,离开母亲的怀抱,心里"无着",思想却奔流不息,冰心的《纸船》也是在这个时候诞生的。

我从不肯妄弃了一张纸,
　总是留着——留着,

## 第四章
### 赴美留学,谱写恋歌

叠成一只一只很小的船儿,
　从舟上抛下在海里。

有的被天风吹卷到舟中的窗里,
　有的被海浪打湿,沾在船头上。
我仍是不灰心的每天的叠着,
　总希望有一只能流到我要它到的地方去。

母亲,倘若你梦中看见一只很小的白船儿,
　不要惊讶它无端入梦。
这是你至爱的女儿含着泪叠的,
　万水千山,
求它载着她的爱和悲哀归去。

(《纸船——寄母亲》)

　　《惆怅》《纸船——寄母亲》和《乡愁》都是冰心在邮轮上创作的,这三首小诗都表达了对母亲深沉的爱。
　　冰心望着汪洋大海,内心泛起阵阵苦闷。还好,同行的年轻人有很多,很快,大家便熟悉起来。在邮轮上,冰心结识了很多好友,和他们一起谈天说地或者游戏,这样时间过得会快一些。
　　此时,冰心还不自知,同是在这艘邮轮上,有一段奇妙的缘分在慢慢向她靠近。

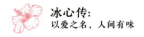

## 2 邂逅奇缘

在邮轮上,发生了一场非常奇妙而有趣的相遇。冰心无论如何也想不到,一个误会竟然让她遇到了生命中最重要的那个人。如同我们生活中,许多美好往往是命中注定的,足以让人欢喜。

在临行之前,冰心的同学吴搂梅嘱托冰心照顾一下和她同去留学的吴卓,吴卓是吴搂梅的弟弟,和冰心同在邮轮上。冰心就托许地山去帮忙喊下吴卓,结果阴差阳错,把一个名为吴文藻的男生叫了出来。冰心此时还在和朋友一起丢沙袋,看到吴文藻就以"大姐"的口吻和他对话,吴文藻身材高挑,浓眉大眼,戴着一副玳瑁边的眼镜,显得十分斯文。

"昨晚在轮船上休息得好吗?你姐姐来信说,你也乘这一班船出去。"冰心说道。

"家姐文化低,不知道什么时候给你写了信?"吴文藻的语气有些疑惑。

当他听冰心说是姐姐托她照顾自己的时候,心中起了疑虑,自己的姐姐在农村,没什么文化,怎么能认识大学生,还托人家照顾自己呢?于是吴文藻道出实情,冰心也恍然大悟:原来许地

## 第四章
### 赴美留学，谱写恋歌

山替自己找错人了，她要找的是"吴卓"，结果误将"吴文藻"叫了出来。冰心觉得十分尴尬，自己闹了这么大个笑话！幸好当时在一旁和她一起玩沙袋的陶玲缓解了气氛，她叫上吴文藻一起玩，吴文藻也很大方地参与进来。

在玩沙袋的过程中，冰心和吴文藻熟悉了起来，也就不再为刚才的事情感到不好意思了。两人开始闲聊，从谈话中，冰心发现吴文藻是一个很正直、勤学的青年，他到美国会先去缅因州的达特茅斯学院进修社会学。他们从志向聊到文学，当吴文藻得知冰心准备选修19世纪诗人的课程时，便问冰心有没有读过雪莱和拜伦的书籍，当时冰心并未读过，就坦诚相告。吴文藻像一个长者一样语重心长地告诉冰心："你是学文学的，这次出去，要多读一些书。你如果不趁在国外的时间，多看一些课外的书，那么这次到美国就算是白来了！"

冰心听了吴文藻的话，感觉心里有些不舒服，因为她在校园中曾经算是写作方面的名人，很多人面对她都会恭维一番，这种一见面就摆出老生常谈论调的人，冰心还是头一次遇到。冰心想，从未有人如此坦诚直白地告诉自己这些话。她对此并不反感，反而非常欣赏眼前这个直言不讳的青年，并在心里把他当成了小小的良师益友，觉得吴文藻是个值得交的朋友。因为一个误会的相识，成就了两个人奇妙的缘分。

在这一段旅程中，冰心不仅认识了很多朋友，也参与了很多有意义的事情。

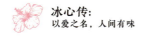
**冰心传：**
以爱之名，人间有味

在船上，由于无聊，大家就想出了创办名为"海啸"的刊物的点子，大家可以在一起探讨文学、互相交流。

这里要提到梁实秋，这次去留学的邮轮上，梁实秋也在。梁实秋和吴文藻是同学，当时梁实秋写批评冰心的《繁星》《春水》的文章时，两人并不相识。也许是巧合，《海啸》的创办者就有梁实秋，还有许地山、顾毓琇等人。

年轻的朋友在一起，做什么都快乐。

梁实秋借《海啸》的平台向冰心约稿，冰心听完梁实秋对《海啸》的介绍，便欣然同意了。冰心也是通过《海啸》对吴文藻有了进一步的了解。

有一次，《海啸》的成员们在讨论一首由梁实秋翻译的诗《约翰，我对不起你》，清华大学的一位男生说："这写的不是吴文藻同学吗？"原来吴文藻在校期间，一直有一个女孩子追求他，还送给他一枚心形领带别针，但是吴文藻怕耽误女孩，便以不知道何时回国为由，拒绝了女孩。

冰心感到好奇，心中很想知道吴文藻的故事，便在一次偶遇时问了吴文藻这件事，吴文藻就一五一十地将这件事情告诉了她。冰心觉得吴文藻对待感情认真、诚实，心里不由得对眼前的这个男生增添了好感。

吴文藻给冰心留下了很好的印象，同样地，看似不解风情的吴文藻也对冰心非常倾慕。

邮轮上的时间过得飞快，转眼间就到了9月，他们即将到达

## 第四章
赴美留学，谱写恋歌

美国西雅图。"约克逊号"上的服务人员大都是中国人，他们对中国留学生特别照顾，大家因此建立起深厚的感情。这些服务人员还给留学生们写了一封信，信的大致内容是他们大都来自广东省，来到这里打工，备受欺辱，希望这些留学生都能好好学习，学有所成，为祖国争口气！冰心和其他同学商量之后，也给船员们写了一封回信，感谢他们这段时间的悉心照顾，这段时光他们会一直铭记，以后他们一定会不负众望，努力学习，报效祖国。

邮轮上的同学们建立了友情，互相留下了各自在美国的联系地址。梁实秋去科罗拉多学院，许地山去哥伦比亚大学，顾毓琇去麻省理工学院。冰心和吴文藻也交换了地址。那个时候，冰心和吴文藻都不知道，就是这样阴差阳错的相遇，注定了他们日后的缘分。

## 3 异国他乡

1923年9月9日中午，冰心几经辗转，来到了马萨诸塞州的首府波士顿，波士顿地处查尔斯、梅斯蒂克两河河口，临波士顿湾。

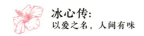

**冰心传：**
以爱之名，人间有味

冰心一下火车，就在月台上见到了英文老师鲍贵思的父母，他们非常热情和友好，询问冰心旅途的情况，并告诉冰心学校还没有开学，可以先在他们家里住下。就这样，冰心暂时住在了鲍贵思老师父母的家中，他们带冰心到各处参观，熟悉学校，也到波士顿周边逛了逛，参观了周边的大学。冰心很喜欢这里的建筑，被这里深深地吸引了。冰心感谢鲍贵思老师的父母对她的照顾，感谢他们的体贴和关怀，这对热情的美国夫妇让冰心初到美国就感受到了异国他乡的温暖。

威尔斯利学院对中国来的冰心还给予了特殊的照顾：因为是远道而来的留学生，学院允许她住在校内一栋资助的大楼中。9月17日，冰心住进了学校。

每逢佳节倍思亲，转眼间，中国的中秋节到了。望着夜空中的明月，冰心尽量让自己不去想家，可是自小就和家人生活在一起的她，无论怎样也控制不住思念家人的情绪。"但愿人长久，千里共婵娟。"新的环境再好，毕竟不是故土，没有那种亲切的归属感。冰心想念母亲、想念弟弟、想念父亲，她无法释怀对家的想念，就将家人的照片摆在书桌最醒目的位置，这样可以每天见到他们。

冰心曾在她的文章中写过一段思乡情愫："乡愁麻痹到全身，我掠着头发，发上掠到了乡愁；我捏着指尖，指上捏着了乡愁。是实实在在的躯壳上感着的苦痛，不是灵魂上浮泛流动的悲哀！"（《往事·二》）

## 第四章
### 赴美留学，谱写恋歌

  冰心把乡愁转化为文字，生动地记录了当时内心的情感。她继续整理《寄小读者》的通讯文章，将自己在美国的所见所闻、所感所想都写了下来。临行之前，弟弟们也请求姐姐多告诉他们一些美国的事情。冰心应约在信中告诉弟弟们在美国的很多事情，同时告诫弟弟们要好好读书，虽然相隔甚远，但是他们相约在晚餐之后的同一时段一起用功读书。冰心只有在忘我地写作的时候，才会暂时忘记思念的痛。

  虽然思乡之情使冰心苦闷，但是她没有忘记自己留学的目的，她将乡愁化为前进的动力，一个人在国外开辟了自己的生活圈、朋友圈。

  在美国，冰心交到了很多和她志趣相投的好朋友，如和自己的生活习惯很相似的日本同学濑尾澄江。她们相处得很融洽，也非常有默契。有时候学业不忙，她们还会到附近的市场去买些蔬菜和肉，回到宿舍里自己煮，然后大吃一顿。两个人经常在一起谈天说地，她们消除了特殊时期的一些偏见，而达到了心灵上的默契，谈梦想，聊未来。这是冰心在留学期间很珍贵的一段友谊。另外还有几个中国的留学生，如历史系的王国秀、体育系的谢文秋等四人，也与冰心玩得很好。

  入学后没多久，冰心收到很多在邮轮上认识的中国留学生写来的信，内容大都是一些寒暄，冰心也没太在意。但是，冰心在众多来信中发现了一张吴文藻寄来的明信片——别人都是工工整整的来信，只有他寄来一张简单的明信片。冰心觉得很有趣，于

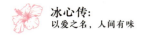

**冰心传：**
以爱之名，人间有味

是给吴文藻回了一封信，而给其他人都寄去了明信片。

后来两个人的通信逐渐多了起来，彼此也越来越熟悉了。

冰心逐渐适应了学校里的生活，但是没过多久，她的旧毛病"吐血症"（支气管扩张出血）又犯了。那天，冰心和S女士一起吃晚饭，她们在一起聊天，还到外面看了美丽的夜色，谈了很久。晚上的时候，冰心感到不适，但是她性格坚强，第二天还是忍着不适坚持上课。终于，在夜里的时候她感觉挺不住了，被同学们送到了医院。

冰心被送到了校内的一个小疗养院里休养，她在《寄小读者》中描写了这一段住院的经历。

> 早晨绝早，看护妇抱着一大束黄色的雏菊，是闭壁楼同学送来的。我忽然下泪忆起在国内病时床前的花了，——这是第一次。
>
> 这一天中睡的时候最多，但是花和信，不断的来，不多时便屋里满了清香。玫瑰也有，菊花也有，还有许多不知名的。每封信都很有趣味，但信末的名字我多半不认识。因为同学多了，只认得面庞，名字实在难记！
>
> 我情愿在这里病，饮食很精良，调理的又细心。我一切不必自己劳神，连头都是人家替我梳的。我的床一日推移几次，早晨便推近窗前。……
>
> 从看护妇递给我的信中，知道许多师长同学来看我，都

## 第四章
### 赴美留学,谱写恋歌

被医生拒绝了。我自此便闭居在这小楼里……

(《寄小读者·通讯九》)

冰心很乐观,即便是在生病住院时也能保持乐观的心态。她的人缘非常好,同学们也都特别热情,她住院期间,大家都来看望她。病房里,同学们送来的花都快把病房占满了。

这是一个美国同学给冰心的信:"从村里回来,到你屋去,竟是空空。我几乎哭了出来!看见你相片立在桌上,我也难过。告诉我,有什么我能替你做的事情,我十分乐意听你的命令!"

一个日本朋友的来信:"生命是无定的,人们有时虽觉得很近,实际上却是很远。你和我隔绝了,但我觉得你是常常近着我!"

而中国朋友的信更为贴近冰心的需求:"今天怎么样,要看什么中国书么?"

在异国他乡,冰心得到了来自不同国家朋友的关怀,她感到非常温暖和感动。友谊是一团熊熊燃烧的火苗,即便在寒冷的地方也会发出温暖的光。

经过半个月的调养,冰心感觉基本痊愈了。但是医生认为她还需要继续休养一段时间,于是冰心又被转到青山的沙穰疗养院。冰心在疗养院里和其他女伴相互关照,即便身在国外,她也不感到寂寞。

医生建议冰心多出去走走,这使冰心非常高兴,平时就好动

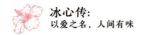

**冰心传：**
**以爱之名，人间有味**

的冰心在病房已待得太久了。她到处游玩，在青山细泉间，小心翼翼地感受着身边美好的事物，探求一切新鲜事物。冰心仿佛一下子回到了天真烂漫的童年，这与世隔绝的疗养生活让她的创作灵感迸发，内心的沉静也让冰心多了一些对生命的思考。冰心将自己的所感所想整理成《寄小读者》的文稿并邮寄回国。护工见此还赠她一首小诗，希望她不要太劳累。

冰心在山里和许多小动物打起了交道。她和一只小棕狗每天形影不离，冰心走到哪里，小棕狗都要跟着。她和后山牛棚里的斑白大马也交上了朋友，每次去看它，都要喂它点吃的。她看到小鸟，看到美丽的风景，又总会想起自己的母亲。

> 我们幕天席地的生涯之中，和小鸟最相亲爱。玫瑰和丁香丛中更有青鸟和知更雀的巢，那巢都是筑得极低，一伸手便可触到。我常常去探望小鸟的家庭，而我却从不做偷卵捉雏等等破坏它们家庭幸福的事。我想到我自己不过是暂时离家，我的母亲和父亲已这样的牵挂。假如我被人捉去，关在笼里，永远不得回来呢，我的父亲母亲岂不心碎？我爱自己，也爱雏鸟，我爱我的双亲，我也爱雏鸟的双亲！

（《山中杂记——遥寄小读者（十）》）

冰心虽然暂时病倒了，可是她的思想永远不会倒下。在医院疗养的这段时间，她的文笔磨炼得更加柔中带刚。

# 第四章
## 赴美留学,谱写恋歌

  除了写《寄小读者》外,冰心在此期间还创作了小说《悟》《六一姊》《别后》,诗歌《倦旅》等作品。《六一姊》原型取材于冰心童年认识的乡下女孩子,小说描写了一位温柔干练的农村姑娘。冰心此时的作品已经不再是"问题小说"了,而更注重描写人以及对生活的思考。

  疗养期间,令冰心感动的是,燕大校长司徒雷登到美国来看望了自己。司徒雷登校长亲切地慰问了冰心,还对冰心发出了诚挚的邀请,希望她以后能为母校效力。冰心非常高兴,也更加坚定了自己努力的方向。

  冰心在邮轮上阴差阳错认识的吴文藻也到疗养院探望了冰心,当时一同来探望的,还有其他同学。吴文藻的关心,让两人的关系又近了一步。

  冰心的身体在逐渐康复,出院之际,病友们还不忘调侃她一番,在她的病床上铺满新鲜的松子。山居静养的日子结束了,这一段返璞归真的日子给予了冰心太多美好的回忆。

  病愈之后的冰心就如同放飞的小鸟。鲍贵思老师的父母将冰心接到家里,随后他们一起游历了很多地方,还一起去了老夫妇购置的小岛上避暑。

  本校的K教授和冰心也颇有缘分,她曾去过中国,和冰心同游过西山。K教授邀请病愈后的冰心游览新罕布什尔州的白岭,还帮助冰心将奖学金取出来,用来偿付冰心的疗养费用。

  出游中,冰心又见到了心爱的大海,她忘我地投入到大海的

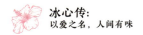

怀抱中，尽情地享受美好的时光。

## 4 情到深处

在医院的日子里，冰心并没有因为生病而痛苦，相反地，她因为有那么多朋友的关心和陪伴而感到快乐。痊愈后的冰心回到了威尔斯利学院继续学业，她的身体和精神状态也恢复得很好。她积极参加学校里的各项学习和社会活动，生活充实而精彩。

冰心在中国学生会分会上认识了吴文藻的同学浦薛凤，他在哈佛大学留学。波士顿和威尔斯利学院距离不算太远，浦薛凤热情地邀请冰心一同去看足球（美式橄榄球），还带她认识了很多其他中国留学生。冰心认识了很多新朋友，经常有同学去威尔斯利学院看她。监管员夫人还送给冰心一个小本子，上面写着："送上这个本子，作为你记录来访的一连队的男朋友之用！"同学们见了都哈哈大笑起来。冰心的"男生缘"很好，在同学中也非常受欢迎。

大学同学之间的友谊是美好的，在宿舍，同学之间可以说说现在、聊聊明天；在体育场，又可以放下一切、尽情挥洒自我；

## 第四章
### 赴美留学，谱写恋歌

在社团，可以放开手脚，尽情地展示自我；在图书馆，可以忘我地徜徉在知识的海洋。大学生活总是在须臾之间就过去，却能给人留下一生中最美好的回忆。

冰心和很多留学生都建立了深厚的友谊，他们经常一起游玩，一起聚餐，一起探讨学业。他们有自己的"小组织"和丰富多彩的集体活动，一起组织了"湖社"，每个月到湖上一起泛舟，一起野餐，甚是热闹。经常参加活动的有瞿世英、梁实秋、浦薛凤、顾毓琇等人。

冰心还积极投入到演戏活动中。1925年春，波士顿的留学生们准备通过演绎中国古典戏曲来宣传中国传统文化。开始选定的剧目是《西厢记》，但问题是谁都不愿意演崔莺莺。经过大家的一番商议，决定改演《琵琶记》。由谢文秋饰演赵五娘，由谢文秋的挚友、波士顿音乐学院的邱女士扮演宰相的女儿牛小姐。梁实秋负责翻译剧本，冰心负责服装，但是最后因为扮演牛小姐的女演员患病，好在台词不算多，冰心不得不顶替她参演。

冰心想到了吴文藻，她想邀请吴文藻来观看自己的演出，于是给吴文藻寄出一张入场券。

但是冰心的一团热火却被浇灭了，吴文藻的回信让冰心大失所望。他说因为自己的学业太忙碌，而且路途太远就不参加了，他在信中表示歉意和遗憾。吴文藻是典型的呆书生，对于情感上的事也稍显木讷。他不能来让冰心感到有些失望。

然而在演出的第二天，冰心在美国朋友家里休息时，好几个

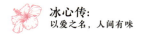

冰心传：
以爱之名，人间有味

男同学都来看冰心，其中就有吴文藻。

冰心和吴文藻此时还是好同学、好朋友的关系，两人互相欣赏，但是谁都没有捅破那层窗户纸，那也是爱情最美丽的时候。后来还是一个学习的机会促成两人的关系近了一步，成就了他们之间美好的缘分。

冰心在国外的留学生活丰富多彩，但是她并没有因此耽误学业。

因考硕士学位需要修第二门外语，冰心的法语有一定的基础，于是就准备到绮色佳（Ithaca，即伊萨卡）的康奈尔大学补习法语。也许是上天注定，吴文藻此时也在康奈尔大学补习，两人不期而遇，真是天赐良机！

在康奈尔大学的学习时光非常美好，冰心是这样描述的：

> 绮色佳是一个风景区，因此我们几乎每天课后都在一起游山玩水，每晚从图书馆出来，还坐在石阶上闲谈。夜凉如水，头上不是明月，就是繁星。到那时为止，我们信函往来，已有了两年的历史了，彼此都有了较深的了解，于是有一天在湖上划船的时候，他吐露了愿和我终身相处。经过了一夜的思索，第二天我告诉他，我自己没有意见，但是最后决定还在于我的父母，虽然我知道只要我没意见，我的父母是不会有意见的！

（《我的老伴——吴文藻》）

## 第四章
### 赴美留学，谱写恋歌

虽然冰心对吴文藻情有独钟，但还是保持了女性的矜持，称终身大事要由父母定夺。对这一点，吴文藻表示认可，并且十分尊重冰心的意见。冰心向吴文藻诉说了父母的爱情故事：他们一生坎坷波折无数，却依然能够相敬如宾、互相扶持，确是真挚而美好。冰心也羡慕、期待能拥有这样的爱情和家庭。

冰心和吴文藻游山玩水的时候留下了许多美好的照片，而每次冰心都坚持自己去照相馆冲洗这些照片，原因是怕吴文藻偷偷留下自己的照片。冰心的矜持和可爱，让吴文藻感到哭笑不得。

美好的时光总是短暂，转眼间，在康奈尔大学的学习生活结束了。两人即将回到各自的大学，临行前，吴文藻送给冰心一盒信纸，上面印着"谢婉莹"的首字母缩写，冰心欣然收下。这对于吴文藻这个书呆子来说，已经是非常浪漫的举动了。

绮色佳的学习生活拉近了一对良人的距离，从此他们各自的心中便住下一个甜甜的秘密，思念的苦与甜只有彼此能知晓。

回到学校后，两人开始借助书信传达对彼此的思念之情。这时候的冰心完全沉浸在爱情的甜蜜当中，有一首小诗《相思》就记录了她当时的感情。

躲开相思，
　披上裘儿
走出灯明人静的屋子。
　小径里明月相窥，

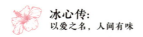

冰心传：
以爱之名，人间有味

　　枯枝——
　　　在雪地上，
　　又纵横地写遍了相思。

（《相思》）

　　纸短情长，唯有懂你的人才懂你的心事。爱情是甜美的，在最美好的年纪遇到最合适的人是多么幸福的事情！冰心的心中装满了吴文藻，处处看到的都是相思，这首小诗表达了冰心对心上人深切的思念之情。而此时的吴文藻也同样怀着相思之苦在默默等待着。

　　1926年春季，冰心即将毕业。在她精心准备毕业论文的时候，收到了来自燕大的一笔汇款，用作回国的费用，使得冰心无后顾之忧。她的毕业论文以"论李清照的词"为题，并顺利地通过了答辩，以优异的成绩获得了文学硕士学位。

　　威尔斯利学院的学习生活结束了，冰心不仅收获了知识、收获了友情，更重要的是，她认识了日后与她相伴一生的伴侣。吴文藻还要在美国攻读博士学位，所以要晚些回国。

　　真正持久的爱情，不是一见倾心，而是在相互了解之后，思想观点趋于一致，这不是短时间内就可以实现的，而是要经过长时间的接触和了解，才能深刻理解对方的感情。

　　威尔斯利学院留下了冰心最美好的青春，她在那里不断耕耘，收获了知识，收获了友谊，更升华了人生。

第四章
赴美留学，谱写恋歌

回国之后，冰心又要开启一段新的人生。

## 5 归去来兮

无数个夜里，冰心因为思念祖国、思念家人而默默流泪，她恨不得长出一双翅膀，飞回日思夜想的家园，她将无尽的思念化作了学习的动力，终于迎来了回国的那一天。

1926年7月，冰心完成在美国的三年学业。即将回归祖国的冰心心潮澎湃，久久不能平静，她终于踏上了回国的征程，满载而归，重归祖国母亲的怀抱。

在回国的邮轮上，吴文藻还托付同学一路上多照顾同乘的冰心，虽然吴文藻不能和冰心同时回国，但是他的关心一直都在。

冰心终于回到了自己魂牵梦绕的祖国，她感慨万千，激动地流下了热泪。亲人的期盼，更让冰心加快了回家的脚步。

1926年7月27日，冰心到达了上海，去看望了表哥刘放园，表哥曾给了冰心100美元，她一直保留着，后来又还给了表哥。冰心对表哥一直都有深厚的感情，表哥在文学上对她起到了很大的促进作用，他不仅是冰心的亲人，更是她的良师益友。

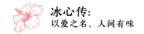
**冰心传：**
以爱之名，人间有味

　　1926年8月，冰心终于回到北京，与自己日思夜想的家人们团聚了！为了给女儿接风，母亲杨福慈准备了一大桌丰盛的菜肴，邀请了隔壁院的亲朋一起庆祝团聚。因为冰心的归来，家中充满了欢乐祥和的气氛。

　　冰心谈恋爱的事情，父母都还不知道。冰心归来的时候，带了一封吴文藻写给冰心父母的信，这封信饱含了吴文藻对冰心的情谊，但是冰心碍于面子，不好意思当面和父母提。于是，在某个晚上，冰心终于鼓起勇气把吴文藻给自己的求婚信放在了父母的卧室里。第二天，老两口发现了信，得知自己的女儿选了一个如此合适的如意郎君，非常欣喜。

　　吴文藻的信很长，但是句句诚恳。

　　谢先生、太太：
　　　　请千万恕我用语体文来写这封求婚书，因为我深觉语体文比文言文表情达意，特别见得真诚和明了。但是，这里所谓的真诚和明了，毕竟是有限的。因为人造的文字，往往容易将神秘的情操和理性的想象埋没掉。求婚乃求爱的终极。爱的本质是不可思议的，超于理性之外的。先贤说的好："道可道，非常道。名可名，非常名。"我们也可以说，爱是一种"常道"或是一种"常名"。换言之，爱是一种不可思议的"常道"，故不可道；爱又是超于理性之外的"常名"，故不可名。我现在要道不可道的"常道"，名不可名的"常

## 第四章
### 赴美留学,谱写恋歌

名",这其间的困难,不言自明。喜幸令爱与我相处有素,深知我的真心情,可以代达一切,追补我文字上的挂漏处。

令爱是一位新思想旧道德兼备的完人。她的恋爱和婚姻观,是藻所绝对表同情的。她以为恋爱犹之宗教,一般的圣洁,一般的庄严,一般的是个人的。智识阶级的爱是人格的爱;人格的爱,端赖乎理智。爱——真挚的和专一的爱——是婚姻的唯一条件。为爱而婚,即为人格而婚。为人格而婚时,即是理智。这是何等的卓识!我常觉得一个人,要是思想很彻底,感情很浓密,意志很坚强,爱情很专一,不轻易地爱一个人,如果爱了一个人,即永久不改变,这种人的爱,可称为不朽的爱了。爱是人格不朽生命永延的源泉,亦即是自我扩充人格发展的原动力。不朽是宗教的精神。留芳遗爱,人格不朽,即是一种宗教。爱的宗教,何等圣洁!何等庄严!人世间除爱的宗教外,还有什么更崇高的宗教?

令爱除了有这样彻底的新思想外,还兼擅吾国固有的道德特长。这种才德结合,是不世出的。这正是我起虔敬和崇拜的地方。她虽深信恋爱是个人的自由,却不肯贸然独断独行,而轻忽父母的意志。她这般深谋远虑,承欢父母,人格活跃,感化及我,藻虽德薄能鲜,求善之心,哪能不油然而生?她这般饮水思源,孝顺父母,人格的美,尽于此矣,我怎能不心悦诚服,益发加倍的敬爱!

我对于令爱这种主张,除了感情上的叹服以外,还深信她有理论上的根据。我们留学生总算是智识阶级中人,生在这个过渡时代的中国,要想图谋祖国社会的改良,首当以身作则,一举一动,合于礼仪。家庭是社会的根本,婚姻改良是家庭改良的先决问题。我现在正遇到这个切身问题,希望自己能够依照着一个健全而美满的伦理标准,以解决我的终身大事。我自然更希望这个伦理标准,能够扩大它的应用范围。令爱主张自己选择,而以最后请求父母俯允为正式解决,我认为这是最健全而圆满的改良方针,亦即是谋新旧调和最妥善的办法。这就是我向二位长者写这封求婚信书的理由。

　　我自知德薄能鲜,原不该钟情于令爱。可是爱美是人之常情。我心眼的视线,早已被她的人格的美所吸引。我激发的心灵,早已向她的精神的美求寄托。我毕竟超脱了暗受天公驱使而不由自主的境地,壮着胆树立求爱的意志,闯进求爱的宫门。我由敬佩而恋慕,由恋慕而挚爱,由挚爱而求婚,这其间却是满蕴着真诚。我觉得我们双方真挚的爱情,的确完全基于诚之一字上。我们的结合,是一种心理的结合。令爱的崇高而带诗意的宗教观,和我的伦理的唯心观,有共同的理想基础和共同的情感基础。我们所以于无形中受造物的支配,而双方爱情日益浓密,了解日益进深。我想我这种心态是健全的,而且稳重的。我誓愿为她努力向上,牺牲一切,而后始敢将不才的我,贡献于二位长者之前,恳乞你们的垂纳!我深知道这是个最重大的祈求;在你们方面,

## 第四章
### 赴美留学，谱写恋歌

金言一诺，又是个最重大的责任！但是当我做这个祈求时，我也未尝不自觉前途责任的重大。我的挚爱的心理中，早已蕴藏了感恩的心理。记得当我未钟情于令爱以前，我无时不感念着父母的栽培之恩，而想何以实现忠于国孝于亲的道理。自我钟情于令爱以后，我又无时不沉思默想，思天赐之厚，想令爱之恩，因而勉励自己，力求人格的完成，督察自己，永保爱情的专一。前之显亲扬名，后之留芳遗爱，这自命的双重负担，固未尝一刻去诸怀。

我写到这里，忽而想起令爱常和我谈起的一件事。她告诉我：二位长者间挚爱的密度，是五十余年来如一日。这是何等的伟大！我深信人世间的富贵功名，都是痛苦的来源；只有家庭的和睦，是真正的快乐。像你们那样的安居乐业，才是领略了人生滋味，了解人生真义。家庭是社会的雏形，也是一切高尚思想的发育地，和纯洁情感的养成所。社会上一般人，大都以利害为结合，少有拣选的同情心。我们倘使建设一个美满愉快的家庭，绝不是单求一己的快乐而已，还要扩大我们的同情圈，做到"亲亲而仁民，仁民而爱物"的真义。我固知道在这万恶的社会里，欲立时实现我们的理想，绝不是一件容易事。可是我并不以感到和恶环境奋斗的困难，而觉得心灰意懒。我深信社会上只要有一二位仁人君子的热心毅力，世道人心，即有转移的机会和向上的可能。我质直无饰地希望令爱能够和我协力同心，在今后五十年中国时局的紧要关键上，极尽我们的绵薄。"舜何人也，予何人也，有为者亦若是！"总之，恋爱的最终目的，绝不在追寻刹那间的快乐，而在善用这支生力军，谋自我的扩充，求人格的完成。婚姻的最终目的，亦绝不在贪图一辈子的幸福，而在抬高生活的水平线，做立德立功立言等等垂世不朽的事业。天赋我以美满愉快的生活，我若不发奋图报，将何以对天下人？又将何以对自我？

　　我仿佛在上面说了许多不着边际的话，但是我的心中是恳挚的，我的脑经是清明的。我现在要说几句脚踏实地的痛心话了。我不爱令爱于她大病之前，而爱她于大病之后，未曾与她共患难，这是我认为生平抱恨的一件事！我这时正在恳请二位长者将令爱托付于我，我在这一点子上，对于二位长者，竟丝毫没有交代。我深知二位长者对于令爱一切放心，只是时时挂念着她的身体。我自从爱她以来，也完全作如是观。我总期尽人事以回天力，在她身体一方面，倘使你们赐我机会，当尽我之所能以图报于万一。

　　我自己心里想说的话，差不多已说完了。我现在要述我的家庭状况，以资参考。藻父母在堂，一姐已出阁，一妹在学。门第清寒，而小康之家，尚有天伦之乐。令爱和我的友谊经过情形，曾已详禀家中。家严慈对于令爱，深表爱敬，而对于藻求婚的心愿，亦完全赞许。此事之成，只待二位长者金言一诺。万一长者不肯贸然以令爱付诸陌生之人，而愿

## 第四章
### 赴美留学，谱写恋歌

多留观察的时日，以定行止，我也自然要静待后命。不过如能早予最后的解决，于藻之前途预备上，当有莫大的激励，而学业上有事半功倍的成效。总之，我这时聚精会神的程度，是生来所未有的。我的情思里，充满了无限的恐惶。我一生的成功或失败，快乐或痛苦，都系于长者之一言。假如长者以为藻之才德，不足以仰匹令爱，我也只可听命运的支配，而供养她于自己的心宫；且竭毕生之力于学问，以永志我此生曾受之灵感。其余者不足为长者道矣。临颖惶切，不知所云。

敬肃，并祝万福！

吴文藻

一九二六年七月一日。美国剑桥。

这封信很长，能从中看出吴文藻的情真意切。谢葆璋夫妇边看边笑，合不拢嘴。在信中，他们便能看出吴文藻是一个积极向上、忠于感情的"傻"小子。他们相信女儿的选择，同意了吴文藻的求婚。后来事实也证明了冰心的选择没有错，吴文藻是个稳妥可靠、值得托付终身的人。

吴文藻家境平凡，一切都是靠自己的打拼。他自小成绩名列前茅，几经辗转才终于进入了清华学堂，他在清华刻苦学习，后来被选送出国留学。这一路都是他一步一个脚印，扎扎实实走出来的。

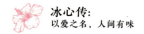
**冰心传：**
以爱之名，人间有味

  冰心父母对吴文藻的人格非常欣赏，因为他并不像许多纨绔子弟那样，自带优越感，挥金如土，吴文藻的成长经历和诚实的人格更符合他们对未来女婿的要求，但是他们对于爱女冰心的婚姻自然也是谨慎的，毕竟婚姻关系到女儿一生的幸福，因此谢葆璋特地请人去了解吴文藻在江阴老家的家庭和婚姻状况，他们确定没有任何问题后，才能放心地把女儿交给他。

  "谁言寸草心，报得三春晖。"父爱如山，母爱如水，父母不仅给了孩子生命，还给了她充分的支持和力量。冰心的父母一生爱护自己的女儿，不仅给了她好的成长环境，也给了她无微不至的呵护和关爱。

# 第五章

## 燕园为师，忧国忧民

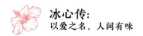

# 1 秦晋之好

回国之后,冰心顺理成章地回到了燕京大学工作。此时正赶上燕京大学迁校完成,新校区面积广阔,布局合理,一切井井有条。

冰心在燕大开始了教学生涯,她被安排到国文系当讲师。国文系有很多著名学者,像周作人、钱玄同、沈尹默、吴雷川等人,大都是冰心曾经的老师。如今和曾经的老师们一起共事,冰心被大家戏称为"小孩儿"。冰心虽然年纪最小,但是也深得老师们的支持和器重。

回国之后,冰心不忘师恩,特地拜访了给予她非常多帮助的鲍贵思老师。

冰心的学习能力很强,她积极研究学术,尽力展现自己的能力和才华。在被北京大学邀请去做学术报告那次,她以《中西戏剧之比较》为题做了一篇演讲。

自从"五四"以来我们醒悟起来,新潮流向着这悲剧

## 第五章
### 燕园为师，忧国忧民

方面流去，简直同欧洲文艺复兴时一样。文艺复兴后，英人如睡醒的一般，觉得有"我"之一字。他们这种"自我"的认识，就是一切悲剧的起源。"我是我"，"我们是我们"（I am I. We are We），认识以后，就有了自由意志，有了进取心，有了奋斗去追求自由，而一切悲剧就得产生。……

至于我们中国，我们也会因感到了自我而使我们的景象焕然一新，使悲剧在我们中产生。光绪后我国连着受外人的欺侮，然而只是些惨剧，因为那时大家都说"天祸中国"，"天祸中国"是天的意志，"我祸中国"是我的意志，才是悲剧。……

（《中西戏剧之比较——在学术讲演会的讲演》）

这篇学术演讲词在1926年11月的《晨报副镌》上发表。经过留学的磨炼，冰心的思想更加深刻成熟，文章也更加铿锵有力。

谢家人才辈出，不久，冰心的二弟和三弟分别考进燕京大学的化学系和预科。冰心住在燕南园53号外籍单身教师住的小楼里面，弟弟们的宿舍离冰心的住处不远，姐弟们便经常相聚。

冰心博学多才，在文学方面涉猎广泛。除了教授国文，她还开设了"欧洲戏剧史"的选修课，这门课程深深地吸引了欧语系的焦菊隐，他非常感兴趣也相当认真地学习了这门课程。后来通过不断努力和深造，他成为中华戏曲专科学校校长。

在冰心回国半年后，父亲的任职地点从北京迁至上海，父母

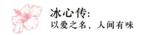

**冰心传：**
以爱之名，人间有味

便搬到了上海定居。那几年，社会的政治局面并不稳定。1926年3月18日，段祺瑞的执政府命令武力驱散游行队伍，在执政府门前枪杀了爱国学生。4月26日，军阀张作霖杀害了《京报》编辑邵飘萍。军阀的种种恶行激起了爱国人士的愤怒。1928年5月3日，日本军队屠城济南，死者五千余众。

冰心继续拿起了自己的笔，开始为反对帝国主义暴行书写一篇篇战斗檄文。事业稳定的冰心并没有安于现状，她始终有一颗热爱祖国、报效祖国的心。为了纪念济南惨案，冰心写了《我爱，归来罢，我爱!》，以控诉日军在济南的暴行。

这回我要你听母亲的声音，
我不用我自己的柔情——
看她颤巍巍的挣扎上泰山之巅！
一阵一阵的
突起的浓烟，遮蔽了她的无主苍白的脸！

她颤抖，
她涕泪涟涟。
她仓皇拄杖，哀唤着海外的儿女；
她只见那茫茫东海上，
无情的天压着水，
水卷着天！

归来罢，儿啊！

## 第五章
燕园为师，忧国忧民

你看家里火光冲天！
你看弟兄的血肉，染的遍地腥膻！
……
归来罢，儿啊！
先把娘的千冤万屈，
仔细地告诉了你的朋友。
你再招聚你的弟兄们，
尖锐的箭，
安上了弦！
束上腰带，
跨上鞍鞴！
用着齐整激昂的飞步，
来奔向这高举的烽烟！

归来罢，儿啊！
……
你先杀散了那叫嚣的暴客，
再收你娘的尸骨在堂楼边！
……

（《我爱，归来罢，我爱！》）

这首诗歌情真意切，感人至深。诗的内容看似是娘对儿子的呼唤，实际上是冰心在借此抒发自己的感情。她一改之前《繁星》《春水》的清丽之风，笔调和思想都尖锐了许多。这首诗，

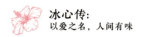
**冰心传:**
以爱之名，人间有味

    冰心也写给了远在美国的吴文藻，她的用意是以祖国母亲的口吻呼唤自己的恋人回国，为报效祖国、拯救国难贡献力量。

    吴文藻怎能不明白爱人的心意呢？他的心中百感交集。吴文藻虽然看上去是个书呆子，但其实有些大智若愚，他同样具有高尚的爱国情操。冰心和吴文藻都是优秀的人，两人相互吸引，相互帮助，有共同的价值观，他们能走在一起，也是偶然中的必然。

    吴文藻生性耿直，孜孜求学，得到同学和老师们的肯定。在校期间他专注于学业，同时也涉猎广泛，除了必修课之外，他还选修了心理学、经济学、哲学等。仅仅用了一年的时间，吴文藻就获得了哥伦比亚大学社会系的硕士学位，成绩非常优秀。

    吴文藻和冰心一样，在留学期间已经"有所属"。因为在学业上表现特别优秀，在吴文藻准备博士论文之前，燕京大学的步济时已经来到哥伦比亚大学，邀请这位人才到燕大执教。但是吴文藻在之前已经应允清华大学，遂不能去燕京大学执教。

    后来，通过和清华大学的沟通，吴文藻与之达成约定：在头两年去清华授课两门，作为去燕京大学执教的条件。这样吴文藻和冰心就能够在同一所大学执教。

    1928年，吴文藻的博士论文《见于英国舆论与行动中的中国鸦片问题》完成，毕业时还获得了"最近十年内最优秀的外国留学生"的证书。吴文藻归国心切，爱人的召唤，祖国的召唤，催促他回到祖国的怀抱。

## 第五章
### 燕园为师,忧国忧民

1928年12月,吴文藻从纽约出发,经大西洋,在英、法、苏联的主要城市做了短暂停留后,于1929年2月回到北平(1928年6月,北伐战争后,北京更名为"北平",直至1949年9月)。

回到祖国之后,吴文藻的第一件事就是去拜会将来的岳父、岳母。

谢葆璋夫妇对眼前这位文质彬彬的女婿非常满意,他们老两口又想起他的求婚书,不禁心中暗笑,可以看出这个人的确是文如其人,踏实进取。吴文藻在上海谢家住了两天,与冰心举行了简单的订婚仪式后,便返回江阴老家,告诉家人他将要完婚的喜讯,然后就回到北平。

结发为夫妻,恩爱两不疑。冰心与吴文藻是一对不可多得的璧人,双方父母对这桩婚事都极为满意。

燕京大学为冰心和吴文藻在燕南园安排了一座住宅,小两口在闲暇的时候就精心筹划如何布置自己的爱巢。

1929年6月15日,冰心和吴文藻在燕京大学的临湖轩举办了西式婚礼,冰心的舅母、二弟、鲍贵思老师和一些同事朋友都来参加了婚礼,司徒雷登校长担任主婚人。冰心身穿洁白的礼服,头戴花冠,穿白色高跟鞋,简单大气。吴文藻穿了一身笔挺的西装,一对新人在大家的祝福之下缓缓入场。婚礼举办得十分简单,据冰心回忆,当天款待宾客的吃食才花费了34元。

没有盛大的婚礼,却许下一生的承诺。他们之间的爱情,像

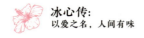

一首动人的曲调,余音袅袅。

婚礼结束后,两人便马上投入到工作之中。冰心回到学校继续上课,吴文藻去参加一个会议,两人并没有因为婚礼而耽误日常的工作。新婚之夜,因为燕大安排的住宅还没有收拾好,两人在大觉寺租了一间空房住下。因为学校还没有放假,两人的心思都放在工作上,一切形式上的事情都是匆匆进行。

暑假的时候,小两口南下省亲。他们先回了上海,父母得知冰心的婚礼仪式非常简单,又在上海宴请了亲朋好友,好好热闹了一番。

吴家也举办了隆重的婚宴。冰心的公公婆婆笑得合不拢嘴,为儿子能娶到这样一位优秀的儿媳感到自豪。就这样,两人的婚礼在忙碌与幸福中圆满礼成。

平时两人都忙于工作,借假期的契机终于可以好好放松一下。冰心和吴文藻回到上海之后,就去了杭州度蜜月。

奈何杭州当时正值酷暑,高温难耐,两人玩得心不在焉。后来二人转到莫干山避暑一段时间。吴文藻总担忧着教学的事情,冰心还挂念自己小家的筹备,两人一商量,索性不等假期结束,就赶回北平了。

志同道合的人更容易白首偕老,冰心和吴文藻两个人都有人生目标,也都有一颗热爱祖国的心,他们的结合在当时也成为一段佳话。

冰心和吴文藻在燕大执教时生活相对宽裕轻松,小家庭里经

## 第五章
### 燕园为师，忧国忧民

常充满了欢声笑语。吴文藻专注于学术研究，对于生活中的很多事情都是一窍不通，但是这并不影响他和冰心之间的感情，相反，他的憨傻还给生活添了很多乐趣。

吴文藻曾从冰心的父亲那里拿回一张冰心在美国留学时拍摄的照片，摆在书桌上，冰心看了就俏皮地和丈夫打趣道："你真的是要每天看我一眼，还只是一种摆设？"吴文藻笑答："当然是每天要看了。"过了些时日，调皮的冰心趁吴文藻去上课，偷偷把相框里换成了阮玲玉的照片，粗心的吴文藻也没有发现，等到冰心告诉他时，他才发现原来照片被换掉了。

吴文藻对待学术和对待生活的态度截然不同，在学术方面他是一个严谨细致的学者，生活中却是一个"糊涂虫"。有一次，孩子想吃"萨其马"，冰心让吴文藻去给孩子买些来。孩子正处牙牙学语的阶段，平时称萨其马为"马"，吴文藻就和店员说自己要买"马"，搞得店员一头雾水。

他为老丈人买双丝葛的夹袍面子时也闹出了笑话。他忘记要买什么，只对店员说自己要买"羽毛纱"，幸好店员和冰心熟悉，便打电话咨询："您要买一丈多的羽毛纱做什么？"让一家人都笑了起来。

还有一次，冰心和婆婆在院子里赏花，吴文藻也出来，望着争相斗艳的丁香问道："这是什么花？"冰心调皮地说道："这是香丁。"吴文藻认真地点点头："哦，香丁。"以为就是这个名字，把家里人逗得哈哈大笑。

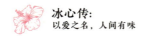

吴文藻在生活中有些傻气,但是在学术研究上可不傻,他一生专注于研究,孜孜不倦,为孩子们做出了好榜样。

冰心和吴文藻感情深厚,有了孩子之后,冰心主内,吴文藻主外,一家人其乐融融,享受着人生最美好的时光。

## 2 永别挚爱

在冰心和吴文藻成婚后不久,冰心就收到了母亲病危的消息。刚刚经历新婚的喜悦,现在又要承受母亲病危的沉重打击,这让冰心十分不安。母亲身体一向不太好,她害怕这一天的到来,然而又必须去面对。

丈夫吴文藻的课程安排得太满,所以无法陪妻子冰心南下去看望病危的丈母娘,吴文藻内心充满愧疚,但是又身不由己。冰心只能一个人南下回娘家,她的心情无比哀伤。临行前,冰心犯了盲肠炎,她忍耐着身体和心灵上的双重痛苦,一个人踏上了备受煎熬的归乡之路。

她挚爱的母亲曾经给予她那么多爱,曾经让她那么崇拜,她却到现在都不清楚母亲的病情究竟如何!虽然没有说明,但是冰

## 第五章
### 燕园为师，忧国忧民

心也能猜测母亲病情严重，她越想越着急，越想越难受，心中的痛苦无法言语，恨不得自己能够长一双翅膀，赶快飞到家中陪在母亲的身边。

冰心回到家中后，径直来到母亲的旁边。母亲老了，瘦弱的身躯、病态的神情，令冰心控制不住自己内心的情感，哭了出来。

> 看母亲时，真病得不成样子了！所谓"骨瘦如柴"者，我今天才理会得！比较两月之前，她仿佛又老了二十岁。额上似乎也黑了。气息微弱到连话也不能说一句，只用悲喜的无主的眼光看着我……
>
> （《南归——贡献给母亲在天之灵》）

冰心日夜守在母亲的身边。母亲病重的时候，二弟正在海外留学，家里人为了不分散他的注意力，没有告诉他母亲病重的消息，冰心和大弟、大弟媳轮流照顾母亲。因为母亲的病过于严重，冰心请来了知名的医生为母亲诊治，医生却说他也无力回天。

人在生命最后的时刻，最需要的往往就是最亲近的人的陪伴，母亲风雨一生，好在培育出如此出色且孝顺的儿女。

冰心总是在后半夜接替看护、照顾母亲，几天熬下来，已经憔悴不堪。当时天气很冷，病重的母亲心里还挂念着自己的女

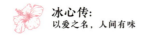

**冰心传:**
以爱之名，人间有味

儿，怕她冻着、累着。母亲告诉冰心："你的衣服太单薄了，不如穿上我的黑骆驼绒袍子，省得冻着。"这让冰心心中更加难受。病重的母亲心中装的全是儿女的冷暖，直到生命的最后时刻。

冰心曾在《南归——贡献给母亲在天之灵》中记录了一段母亲怜爱儿女的话，这也是母亲在弥留之际让儿女感到欣慰的最后的爱：

> 她说："……男婚女嫁，大事都完了。人家说'久病床前无孝子'，我这次病了五个月，你们真是心力交瘁！我对于我的女儿，儿子，媳妇，没有一毫的不满意。我只求我快快的好了，再享两年你们的福……"

一位平凡的母亲，也是一位伟大的母亲。冰心的母亲善良、可敬，儿女们都无比敬爱她，残忍的病魔却要将慈爱的母亲带走，冰心和家人只能强忍住泪水，安慰着母亲。

冰心和家人想各种办法让母亲打起精神，正好马上要过新年，赶上父亲谢葆璋的生日，大家就想着用这件事情为母亲冲冲喜。到这天，冰心早早地出去买了许多水果、糕点等吃食，大家特地装点了屋子，还戏称父亲是新郎。母亲看到大家这么精心准备，精神状态倒还好，可是父亲却抑制不住自己内心的伤感之情。

谢葆璋和杨福慈成婚较早，一生恩爱。老来是伴，夫妻相

## 第五章
### 燕园为师，忧国忧民

伴，他们早已经习惯彼此。即便是生活里有过争吵，有过摩擦，但都不过是生活的调味剂，此生能相守便是前世留下的福分。

谢葆璋身为一名海军军官，总在海上工作，夫妻两人聚少离多，但这丝毫没有影响二人的感情。如今，看着病床上和自己走过风风雨雨几十年的老伴，自己却不能为其分担任何病痛，谢葆璋无论如何也高兴不起来，他知道自己的老伴活不了多长时间了。

今后的人生，再也不会有她相伴。

新年里，家家户户都充满了喜气洋洋的节日气氛，只有谢家一家人忍着悲痛，害怕噩运的降临。

果然，还没出一月，母亲杨福慈便与世长辞了。早上，父亲谢葆璋还特地去给老伴买了一筐她最爱的蜜橘，结果橘子买回来，人却不在了，那番景象着实令人心碎。

她被病痛折磨了太久，如今也是一种解脱。

母亲临终之前，将一直保留着的女儿的胎毛和她在大学时代获得的"金钥匙"都交给了冰心。一直以来，母亲将这些视如珍宝，这都是母亲对冰心深沉的爱。

冰心忍着心痛，给家人写了一封信叙述了母亲离世的消息。

  亲爱的杰和藻：
    ……她并没有多大的痛苦，只如同一架极玲珑的机器，走的日子多了，渐渐停止。她死去时是那样的柔和，那样的

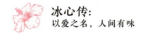

**冰心传：**
以爱之名，人间有味

安静。那快乐的笑容，使我们竟不敢大声的哭泣，仿佛恐怕惊醒她一般。那时候是夜中九时四十五分。那日是阴历腊八，也正是我们的外祖母，她自己亲爱的母亲，四十六年前离世之日！

……当母亲病重的时候，我们已和上海万国殡仪馆接洽清楚，在那里预备了一具美国的钢棺。外面是银色凸花的，内层有整块的玻璃盖子，白绫捏花的里子。至于衣衾鞋帽一切，都是我去备办的，件数不多，却和生人一般的齐整讲究。……

经过是这样：在母亲辞世的第二天早晨，万国殡仪馆便来一辆汽车，如同接送病人的卧车一般，将遗体运到馆中。我们一家子也跟了去。当我们在休息室中等候的时候，他们在楼下用药水灌洗母亲的身体。下午二时已收拾清楚，安放在一间紫色的屋子里，用花圈绕上，旁边点上一对白烛。我们进去时，肃然的连眼泪都没有了！

堂中庄严，如入寺殿。母亲安稳的仰卧在矮长榻之上，深棕色的锦被之下，脸上似乎由他们略用些美容术，觉得比寻常还要好看。我们俯下去偎着母亲的脸，只觉冷彻心腑，如同石膏制成的慈像一般！我们开了门，亲友们上前行礼之后，便轻轻将母亲举起，又安稳装入棺内，放在白绫簇花的枕头上，齐肩罩上一床红缎绣花的被，盖上玻璃盖子。棺前仍旧点着一对高高的白烛。紫绒的桌罩下立着一个银十字

## 第五章
### 燕园为师，忧国忧民

架。母亲慈爱纯洁的灵魂，长久依傍在上帝的旁边了！

五点多诸事已毕。计自逝世至入殓，才用十七点钟。一切都静默，都庄严，正合母亲的身份。客人散尽，我们回家来，家里已洒扫清楚。我们穿上灰衫，系上白带，为母亲守孝。

家里也没有灵位。只等母亲放大的相片送来后，便供上鲜花和母亲爱吃的果子，有时也焚上香。此外每天早晨合家都到殡仪馆，围立在棺外，隔着玻璃盖子，瞻仰母亲如睡的慈颜！

这次办的事，大家亲友都赞成，都艳羡，以为是没有半分靡费。我们想母亲在天之灵一定会喜欢的。异地各戚友都已用电报通知。楫弟那里，因为他远在海外，环境不知怎样，万一他若悲伤过度，无人劝解，可以暂缓告诉。至于杰弟，因为你病，大考又在即，我们想来想去，终以为恐怕这消息是瞒不住的，倘然等你回家以后，再突然告诉，恐怕那时突然的悲痛和失望，更是难堪。杰弟又是极懂事极明白的人。你是母亲一块肉，爱惜自己，就是爱母亲。在考试的时候，要镇定，就凡事就序，把试考完再回来，你别忘了你仍旧是能看见母亲的！

我们因为等你，定二月二日开吊，三日出殡。那万国公墓是在虹桥路。草树葱茏，地方清旷，同公园一般。上海又是中途，无论我们下南上北，或是到国外去，都是必经之

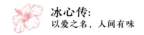

**冰心传：**
以爱之名，人间有味

路，可以随时参拜，比回老家去好多了。

藻呢，父亲和我都十二分希望你还能来。母亲病时曾说："我的女婿，不知道我还能见着他否？"你如能来，还可以见一见母亲。父亲又爱你，在悲痛中有你在，是个慰安。不过我顾念你的经济问题，一切由你自己斟酌。

这事的始末是如此了。涵仍在家里，等出殡后再上南京。我们大概是都上北平去，为的是父亲离我们近些，可以照应。杰弟要办的事很多，千万要爱惜精神，遏抑感情，储蓄力量。这方是孝。你看我写这信时何等安静，稳定？杰弟是极有主见的人，也当如此，是不是？

此信请留下，将来寄楫！

永远爱你们的冰心<br>正月十一晨

（《南归——贡献给母亲在天之灵》）

长姐如母，冰心心中饱含对弟弟们无微不至的疼惜和关爱，自己明明已经痛得无法自拔，还要坚强地鼓舞弟弟们振作。

冰心对母亲的去世感到极度忧伤，她不停地用文字宣泄自己难过的心情，她在对亲人的信中写了很多，也许这样会让她心里舒服些：

母亲死后的光阴真非人过的！就拿今晚来说，父亲出门

## 第五章
### 燕园为师，忧国忧民

访友去了；涵和华在他们屋里；我自己孤零零的坐在母亲的屋内。四周只有悲哀，只有寂寞，只有凄凉。连炉炭爆发的声音，都予我以心酸的联忆。这种一人独在的时光，我已过了好几次了，我真怕，彻骨的怕。怎么好？

因着母亲之死，我始惊觉于人生之极短。生前如不把温柔尝尽，死后就无从追讨了。我对于生命的前途，并没有一点别的愿望，只愿我能在一切的爱中陶醉，沉没。这情爱之杯，我要满满的斟，满满的饮。人生何等的短促，何等的无定，何等的虚空呵！

千言万语仍回到一句话来，人生本质是痛苦，痛苦之源，乃是爱情过重。但是我们仍不能饮鸩止渴，仍从生痛苦之爱情中求慰实。何等的愚痴呵，何等的矛盾呵！……

——摘录一月十八夜信

（《南归——贡献给母亲在天之灵》）

失去母亲对于冰心来讲，无疑是人生当中的一个重大打击，人到中年，必然会经历失去的痛苦，冰心失去了曾经最疼爱她的母亲，此时她内心的苦楚已经无以言表。同时，她也领悟到，人生苦短，须珍惜当前。她写道：

完了，过去这一生中这一段慈爱，一段恩情，从此告了结束。从此宇宙中有补不尽的缺憾，心灵上有填不满的空虚。只有自家料理着回肠，思想又思想，解慰又解慰。我受

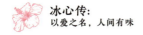

**冰心传：**
以爱之名，人间有味

尽了爱怜，如今正是自己爱怜他人的时候。我当永远勉励着以母亲之心为心。我有父亲和三个弟弟，以及许多的亲眷。我将永远拥抱爱护着他们。我将永远记着楫二次去国给杰的几句话："母亲是死去了，幸而还有爱我们的姊姊，紧紧的将我们搂在一起"。

窗外是苦雨，窗内是孤灯。写至此觉得四顾彷徨，一片无告的心，没处安放！藻迎面坐着，也在写他的文字。温静沉着者，求你在我们悠悠的生命道上，扶助我，提醒我，使我能成为一个像母亲那样的人！

（《南归——贡献给母亲在天之灵》）

人生不就是这般，有生老病死。然而生活还是要继续向前看，这也是已故母亲对冰心最大的期望。无论发生什么事情，生活也总是驱赶着我们前行，从不止步。

经历了与人生挚爱的告别后，冰心又开始了新的篇章。她传承了母亲的品格，认真地经营着自己的小家。冰心生下三个孩子，两女一男，由富奶奶帮她照顾。富奶奶是冰心因感冒住进疗养院时认识的，她是一位勤劳慈祥的老阿姨。当时富奶奶在疗养院打工，后来机缘巧合下，来到冰心家帮忙，为冰心减轻了很多家务上的负担。

夫妻二人忙于教学事业，他们的孩子也在慢慢地成长，两代人享受着幸福家庭带来的温馨和快乐。

第五章
燕园为师，忧国忧民

## 3 笔耕不辍

在战争年代，文字同样是救亡图存的重要武器。古时候文人墨客用诗歌直抒胸臆，抒发爱国之情，如今一篇篇令人热血沸腾的文章同样能引发爱国人士的共鸣。优秀的文学作品是推动社会积极发展的有生力量，文学家们也都能深刻地认识到这一点。

由于社会时局动荡，文学界的左翼思想盛行，支持无产阶级革命事业的呼声越来越强烈，冰心也因此结交了很多文学上的好友。当时的新秀丁玲、萧乾等人，冰心还是通过三弟谢为楫认识的。丁玲从学生时代就积极投身于爱国运动，作品多见于《小说月报》，主要作品有《梦珂》《莎菲女士的日记》《太阳照在桑干河上》等。萧乾是冰心三弟谢为楫的同学，三弟因为身体原因在家休学期间，萧乾经常来找他玩。萧乾是一个肯吃苦的男孩，冰心像对待弟弟一样对待他，后来他担任《大公报》副刊的编辑。

令冰心感到惊喜的是，自己的三弟谢为楫在沈从文等人的鼓励下也开始写作，写出了《三月里的枇杷》《中学校里的大学生》《江口之夜》等作品，最后谢为楫还将这几部小说编成《幻醉小说集》，由中华书局出版。

《分》是冰心在产房分娩时得到灵感而创作的小说。分娩的

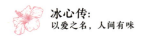

**冰心传:**
以爱之名，人间有味

疼痛只有经历过的人才会知道，但《分》讲述的并不是分娩时候的痛苦，而是以分娩为契机，描写了一个具有现实意义的童话故事。

《分》讲述了两个刚出生的婴儿互相对话的故事，带着童话的色彩。这两个刚出生的孩子将面临不同的人生，因为他们从一诞生，就无法选择地分属于不同的社会阶层，反映了贫富阶级迥然不同的生活。他们来自不同的家庭，一贫一富，这种贫富的差距就不可避免地决定了他们不同的气质、不同的待遇和不同的命运。一个白净秀气，缺乏主见，一切听从父母安排；另一个自信刚强、思想敏锐，对未来充满了豪情。一个是花房里的一朵小花，自惭自怜，娇柔地开放；另一个是路边的一株野草，倔强勇敢地面对惨淡人生。一个是前途光明，无忧无虑；另一个的人生则注定荆棘密布，坎坷不平。出院那天，一个坐着小轿车，车上铺满了美丽的鲜花；另一个的母亲将要去做奶妈，孩子回家只能喝粥。

冰心通过描写两个婴儿从出生到回家过程中截然不同的两种遭遇，把阶级社会中贫富对立的现象表现得淋漓尽致。

经历了成家、丧母、生育，冰心的人生阅历逐渐丰富起来。随着孩子逐渐长大，她又有了更多的时间和精力可以投入到写作中来。她当时的作品有《我们太太的客厅》《冬儿姑娘》《相片》等。

《我们太太的客厅》讲述的是一个受男人环绕、工于心计并

## 第五章
### 燕园为师，忧国忧民

且爱出风头的女人的生活。她能够轻松地将围绕她的众多男人玩弄于股掌之间。无论是哲学家、画家、诗人，还是"我们的太太"，都表现一种虚伪的色彩，作品映射出当时社会、观念、人际的颓废情调。

《冬儿姑娘》是冰心发表在《文学季刊》上的小说，是冰心文学创作生涯中的佳作。《冬儿姑娘》通过母亲的口吻，讲述了冬儿的故事。冬儿是一个非常有个性的女孩子，她像男孩子一样打人、骂人，像一个小霸王，整个街道的孩子都害怕她。就是这样一个女孩子，在冰心的描写之下，我们看到蛮横刁蛮的形象背后人物命运的悲惨：她自幼和母亲相依为命，"八九岁就会卖鸡子、卖柿子、卖萝卜……"小小的肩膀早早地挑起生活的重担，她代表着一种不向生活低头、勇于面对困难并且越挫越勇的顽强精神。

冰心的作品总能通过一种非常有趣的方式表达深刻的现实意义，这也许就是一个作家成功的秘诀。

而后，冰心又翻译了纪伯伦的《先知》《沙与沫》。1995年，冰心翻译的《先知》和《沙与沫》荣获黎巴嫩国家级"雪松骑士奖"，同年获得中国作家协会授予的彩虹翻译荣誉奖项。

经历了人生的悲欢离合，冰心的作品也逐渐发生着改变：童年时天真快乐，青年时充满爱国热忱，中年时温厚祥和。冰心对家庭无微不至，对事业孜孜不倦，像温暖的太阳，发出温暖的光芒，在生活和事业中永恒地亮着。

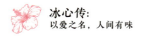

冰心传：
以爱之名，人间有味

# 4 步履不停

1934年7月，冰心夫妇接到沈昌的邀请，参加了"平绥沿线旅行团"。沈昌是冰心和吴文藻在美国留学时的老同学，组织该旅行团时任平绥铁路局的局长。

成立这个旅行团的目的，是借大家之笔描写出平绥沿线的经济、物产、景色等，结集出版以便扩大宣传，让祖国乃至世界上更多的人了解平绥，了解大西北风景、文化，利于西北经济的进一步开发。

参加旅行团的还有雷洁琼、顾颉刚、郑振铎、陈其田等作家和学者，大家各有所长，各司其职。一路上，他们感受着国家壮丽山河的美景，无不感叹。他们经过青龙桥，游览了著名的华严寺、百灵庙，他们看到了大草原的蒙古包、羊群马群，感受自然带来的快乐。这种旅行对冰心和吴文藻来说，要比两人度蜜月有趣得多。一路风景一路歌，冰心夫妇和大家欣赏美景，畅谈文学和学术，十分欢喜。

然而就在这次旅行当中，冰心却得到一个让她痛心的消息：好友刘半农在北京协和医院因疾去世。失去挚友，对冰心和吴文藻来说都是巨大的损失。

## 第五章
### 燕园为师，忧国忧民

刘半农是吴文藻的同乡，更是一位新文化运动的战士。他的《诗与小说精神上之革新精神》和《我之文学改良观》，冰心早早就读过，她从内心尊敬和认同刘半农。刘半农曾常到冰心家中和吴文藻聊些有关语言学的问题，和冰心也非常熟悉。有一次，冰心给他递茶，觉得他和丈夫讨论的事情自己听不太懂，便打趣说道："怪不得人说'江阴强盗无锡贼'，你们一起谈'打家劫舍'的事，就没个完！"刘半农笑着答道："我送你一颗印章，就叫作'压寨夫人'怎么样？"大家听了都哈哈大笑起来。

冰心夫妇不仅和刘半农关系密切，和刘氏兄弟的关系也非常好。刘半农的弟弟刘天华当时和冰心是同事，同在燕大执教。刘天华非常细心，冰心之前和刘天华学吹笙，但是刘天华考虑到冰心身体不太好，便建议她学琵琶，还特地为冰心量身定做了一个小琵琶，冰心很喜欢。

人生难测！如今好友病故的消息让两人心受重创，为刘半农的离开深深地感到惋惜。

1935年，冰心创作了《平绥沿线旅行记》，该旅行记整理收录了自己和其他同伴在途中的所见、所闻、所感，1935年2月作为平绥铁路旅行读物出版，算是为此次旅行画上了圆满的句号。

这次旅行对冰心意义重大，让她在忙碌的生活中找到一段清闲快乐的时光。

1935年10月，北平的学生再次掀起了抗日爱国运动，清华大学、燕京大学等十多所学校发表了抗日宣言，发起了大规模的

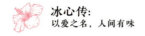

请愿活动,全力支持东北起义军,积极组织募捐、支援前线,冰心也参与其中。1936 年,西安事变发生以后,国共两党开始第二次合作。

冰心的人生跟着政治时局起起伏伏,而她也逐步走向成熟。挚友的离去,新友的到来,次子的诞生……她不断感受着生活给她带来的喜乐与忧愁。

冰心和吴文藻此时的事业也都进入稳定的阶段,吴文藻执教 7 年,冰心已经执教 9 年。燕京大学有规定,任教满 6 年可以休假 1 年。这无疑是一个好消息。吴文藻平时忙于事业,陪伴家人的时光少之又少,恰好此时他获得了洛克菲勒基金会的科研基金,吴文藻就想趁着这 1 年的时间去国外游学考察一番。当时正赶上哈佛大学的 300 年校庆,燕京大学本就要派代表参加,于是出国考察游学的任务顺理成章地交给了冰心夫妇。

冰心整理了一番,便和吴文藻启程了,婚后的两人很少有机会远行,这次借着出国学习的机会,冰心计划着要到国外好好走走。去美国要先到上海,冰心的亲戚朋友热情地接待了夫妻二人。当他们再次踏上去往异国他乡的征程时,心中早已无限感慨。

夫妇俩曾经乘坐"约克逊号"邮轮去美国学习,途中阴差阳错地相识,而今,却能执子之手一起去国外游学,两人在船上望着苍茫的海平面,感恩遇见、感恩缘分,心中尽是感激。

他们夫妻首先到日本参加了一个学术会议,继而前往美国。

## 第五章
燕园为师，忧国忧民

参加完哈佛大学的校庆活动，冰心重回母校威尔斯利学院，那熟悉的环境一下子勾起了冰心许多美好的回忆。冰心回到母校看望老师和校友们，带给老师和同学们很多有中国特色的小礼物，大家都非常高兴。

有一位冰心在校期间对其帮助非常大的 K 教授正在罗马度假，他发出邀请希望冰心和丈夫也能去罗马。冰心和吴文藻研究后，决定一起去拜会这位老教授，这样他们的行程就更加丰富。

冰心和吴文藻到了欧洲后，先参观了伦敦大学，和一些学者讨论社会学相关的问题，继而拜访了老友，也认识了新的朋友。

他们去了法国巴黎、德国柏林、苏联莫斯科……在不同城市，他们有不同的收获，就像是在汲取每一座城市的精华。到了巴黎后，吴文藻就赶忙去拜访法国社会学年刊派的马塞尔·莫斯教授，还因此认识了很多研究社会学的学者，与他们交流甚多。吴文藻利用这个出国游学的好机会全力丰富自己，冰心也忙得不亦乐乎。

吴文藻考虑到冰心原本就体弱，每天跟着他奔波影响健康，于是两人商量一番，决定让冰心留在巴黎静养，吴文藻继续赴英国学习。

巴黎是浪漫而有情调的城市，冰心一个人在这里，感觉整个人的生活节奏都慢了下来。她感受到难得的清闲自在，卢浮宫、香榭丽舍大道都是她经常游走的地方。冰心闲暇的时候还去参观卢浮宫的艺术珍品，全身心地沉浸在艺术和美之中。

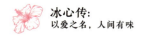

外面的世界很精彩,然而,快乐的光阴也很短暂。1年的游学经历很快就结束了,无论是在学术上还是在感情上,吴文藻和冰心都满载而归。

## 5 燕京别情

告别了浪漫的外国情调,回国之后,国内的政治形势在此时却不容乐观,冰心忧国之情又开始涌上心头。冰心在国外结交的好友德利莎给冰心发来问候:"听说北平受到轰炸,我无时不在关心着你和你的一家人的安全!振奋起来吧,一个高贵的民族,终究是要抬头的。有机会请让我知道你平安的消息。"

就在冰心回国后不久,北平城外发生了卢沟桥事变。1937年7月7日,日军在北平卢沟桥附近演习时,借口一名士兵失踪,要求进入宛平县城搜查,遭到中国守军第29军严词拒绝。日军遂向中国守军开枪射击,又炮轰宛平城,第29军奋起御敌。这就是震惊中外的卢沟桥事变,又称七七事变。七七事变是日本帝国主义全面侵华的开始。

卢沟桥事变打破了北平原有的平静,北平城好像一锅被打翻

## 第五章
燕园为师，忧国忧民

的热汤，人们为了逃离战争，不得不纷纷撤离。他们大部分都是先到天津，然后经烟台、青岛，分散到全国各地去，也有很多学生赶往湖南长沙——当时清华大学、北京大学、南开大学三所学校组成了长沙临时大学，学子们赶往长沙继续求学。冰心此时却因为怀有身孕不方便行动，夫妻二人暂时无法动身。燕京大学是美国教会的学校，因为有美国方面的保护，燕京大学暂时避免了日本人的干扰。

　　面临战争，冰心和吴文藻感到悲愤，也不断地做一些力所能及的事情：帮助学生逃离北平，为后方捐献财物等。冰心虽然有孕在身，但是勇敢机敏。有一天，吴文藻的两名学生来到冰心的家中，这两名学子成绩优异，前途光明，但是看着国家面临危难，他们决定放弃学业到后方支援。当时日本把控局面，北平戒备森严，这么做无疑是铤而走险。但是冰心没有拒绝两个爱国学生的请求，思忖一番后，她找到燕大校长司徒雷登，请他帮助两名学生。最后，两名学生在冰心和司徒雷登的帮助下顺利逃离北平。

　　1937年11月，冰心的第三个孩子顺利出生，这个孩子就是冰心的幼女吴青。冰心终于卸下了身体上重重的"包袱"。生完孩子之后，冰心和吴文藻经过深思熟虑，也开始筹划离开北平。吴文藻在云南大学找了一份差事，准备携家带口南下，到祖国的后方去。

　　北平是冰心的第二故乡，她对这里饱含深情。虽然不是出生地，这里却见证了她人生当中很多重要的事。离开北平对于冰心

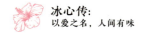

冰心传：
以爱之名，人间有味

来讲，就像孩子要离开母亲的怀抱，她感到无限的怅然与不舍。然而现实问题摆在眼前，使得冰心一家人不得不南迁。

　　临走之际，他们整理出很多物品，能扔掉的就扔掉，能送人的都送人了。但那些他们特别珍惜却无法带走的东西，比如冰心和吴文藻珍爱的书籍，就装进了大箱子，寄存在燕京大学。冰心最难舍的不是别的，正是她那些珍贵的书，此外，还有很多珍贵的书信，有父亲写给母亲的，有读者写给自己的。冰心和吴文藻两人的书籍材料足足整理出了 15 箱，他们只希望以后回来的时候，这些书、信件、照片、字画、日记、纪念品都能免受战火的影响，完好无损地保存下来。

　　即将离开北平的冰心心中无比哀伤，那种哀伤直抵灵魂。她写下了当时战争带来的惨烈画面：

　　　　北平死去了！我至爱苦恋的北平，在不挣扎不抵抗之后，断续呻吟了几声，便恹然死去了！

　　　　二十六年七月二十八早晨，十六架日机，在晓光熹微中悠悠地低飞而来；投了三十二颗炸弹，只炸得西苑一座空营。——但这一声巨响，震得一切都变了色。海甸被砍死了九个警察，第二天警察都换了黑色的制服，因为穿黄制服的人，都当作了散兵，游击队，有砍死刺死的危险。

　　　　四野的炮声枪声，由繁而稀，由近而远，声音也死去了！

　　　　五光十色的旗帜都高高地悬起了：日本旗、意大利旗、

## 第五章
燕园为师,忧国忧民

美国旗、英国旗、黄卍字旗、红十字旗……只看不见青天白日旗。

(《默庐试笔》)

战争,可以打破一切平静和美好,让无数无辜的人有家不能归,过着颠沛流离的生活。那不仅是对人身体上的折磨,更是对人们心理上的摧残。

冰心和朋友、同事、学生们一一告别,大家都依依不舍。最后,大家都尊重冰心和吴文藻的决定,送给他们美好的祝福和心愿。

在临走之前,冰心还不忘给一直在家里帮佣的富奶奶在燕京大学安排一个好去处,但是富奶奶拒绝了冰心的好意。平时都是富奶奶帮冰心带孩子,她怕南下途中冰心自己应付不来,坚持要护送他们到香港再回来。富奶奶对冰心一家人真心实意,冰心非常感激,富奶奶后来就一直陪伴在冰心一家人身边。

临别前,燕大社会学系的同学们请曾任燕大校长的吴雷川教授题写了一首清词《贺新郎》赠予吴文藻,以表内心的痛苦和对吴一家人的不舍:

悲愤应难已,问此时,绝裾温峤,投身何地。莫道英雄无用武,尚有中原万里。胡郁郁今犹居此,驹隙光阴容易过,恐河清不为愁人俟。闻吾语,当奋起。青衫搔首人间

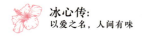

世，叹年来，兴亡吊遍，残山剩水。如此乾坤须整顿，应有异人间起。君与我，安知非是。漫说大言成事少，彼当年刘季犹斯耳。旁观论，一笑置。

文藻先生将有云南之行，燕京大学社会学系诸同学眷恋师门，殷殷惜别，谋有所赠，以申敬意，乃出此幅，属余书之。余书何足以当赠品，他日此幅纵为文藻先生所重视，务须声明，所重者诸同学之敬意，而于余书渺不相涉，否则必蒙嗜痂之诮，殊为不值也。附此预言，藉博一粲。

廿七年六月　　杭县吴雷川并识

此时的冰心，已经经历太多分离，经历太多的坎坷。从小到大，她就随着父亲辗转多处，每一次离开都让她万般不舍。如今业已成家，北平却陷入危难，她只有全力保住小家，才能让大家宽慰。终于，她离开了燕大校园，带着自己用心经营的小家，离开父亲，离开那么多的文学挚友和可爱的学生……

他们踏上去往天津的火车，继而来到上海，将吴文藻的母亲安顿在了他妹妹的家中，继续前往云南。

# 第六章  举家南迁，愿逐芳华

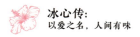

# 1 昆明印象

昆明,地处云贵高原中部,享"春城"的美誉,是一个阳光总在屋子里的城市。"绿树映芳草,腾飞报春晓。碧水蓝天七彩云,高原明珠三环绕。"生活在昆明,人的身心都会得到净化。

初到昆明,大家因一路奔波都感到非常疲惫,无心观赏景色。只有8个月大的宝宝精神抖擞,她看到桌上美丽的杜鹃花,忽然"咯咯"地笑了起来。看到小女儿如此活泼,冰心和吴文藻也松了一口气。

冰心和吴文藻在昆明租好房子,吴文藻便马不停蹄地投入到云南大学社会学系的建设工作当中。

冰心此时的住处位于昆明较为繁华的街道螺峰街。这里环境美好,非常适合居住,冰心感到了难得的放松。富奶奶随她来到了昆明,索性就与冰心一家一起住了下来,冰心托人将富奶奶的老伴儿也接了过来,一大家子其乐融融。虽然换了一个住所,但是家人在哪,家就在哪。冰心是个喜欢美好事物的人,她经常到家附近的花店去买些花,然后回到家中,好好布置一番。

生活虽然暂时安定下来,冰心和吴文藻仍然为国家的前途和

## 第六章
### 举家南迁,愿逐芳华

命运感到忧虑,她和吴文藻时时关注着北平的政治动向。

吴文藻积极投身到学校的工作当中,在云南大学建立了社会学系,挖掘出很多人才。吴文藻和燕京大学的校长司徒雷登联系,希望燕京大学与云南大学合作,建立一个实地的调查工作站,这个想法得到了司徒雷登的大力支持。

吴文藻将自己在燕京大学的很多做法引入云南大学,致力于培养人才。需要他做的工作有很多,他担任社会学系主任、法学院院长。吴文藻恨不得自己能有分身术,做好每一项工作。由于太忙了,建立燕京大学和云南大学实地调查工作站后,吴文藻便腾不出时间主持实地调查工作,这时候有一位非常优秀的人才——费孝通博士来到云南,主持云南实地调查工作。

吴文藻一边忙于社会学系的研究工作,一般担忧着祖国的命运。好男儿志在四方,虽然在祖国的后方,他也用自己的力量为祖国贡献力量。

## 2 夫唱妇随

1938年秋天,日军主攻八路军和新四军开辟的抗日根据地,将魔爪伸向南方城市,昆明也受到了日军的干扰。祖国的大后方

135

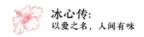

**冰心传：**
以爱之名，人间有味

受到战争的影响，不再是安全之地。宁静的生活被打破，人们又开始了新一轮的撤离，云南大学师生及家眷都转到距离昆明不太远的呈贡县居住，那里相对来说比较安全。

吴文藻携妻带子，一家人几经周折，终于租到住处"华氏墓庐"。这原本是守墓的屋子，但是以当时的物质条件，能找到这样一个清静的住所，已经实属不易，冰心感到心满意足。

吴文藻的工作还在昆明，这样一来，他每天去学校变得非常不方便，只能骑马回家。后来，吴文藻只在放假的时候才回去与家人团聚。

生活虽然变得艰辛，但是冰心从不喊苦累。

冰心被请到呈贡一中兼课，她认真授课，其余的精力便全部投入到家庭上。冰心后来创作了《默庐试笔》，"默庐"是由"墓庐"谐音而来，文中描写过这一段时期的生活。

> 我最爱早起在林中携书独坐，淡云来往，秋阳暖背，爽风拂面，这里清极静极，绝无人迹，只两个小女儿，穿着橘黄水红的绒衣，在广场上游戏奔走，使眼前宇宙，显得十分流动，鲜明。

（《默庐试笔》）

生活条件虽然艰苦了些，但是他们还是会苦中作乐，这一段时光也是惬意的。冰心在溪水潺潺的石头旁静静读着书，享受和孩子在一起的快乐时光。

## 第六章
### 举家南迁，愿逐芳华

在云南大学授课的很多教师来自清华，与吴文藻和冰心都是好友，这给枯燥的生活添了不少乐趣。谈笑有鸿儒，往来无白丁。朋友们在一起交流，给单调的生活添了调味剂。当时号称"三剑客"的三位教授和冰心一家人的来往非常密切，他们是西南联合大学的郑天挺、杨振声、罗常培。沈从文、陈达、费孝通、孙福熙也是这里的常客。他们都是志同道合的爱国者，常一起聊生活、聊事业、聊乐趣，当然他们最关注的，还是国家的政治形势。

有家人在，有朋友在，在哪里都觉得欢快。冰心和吴文藻的住处总是充满欢声笑语。有一次，清华大学校长、时任西南联大校务委员会主席的梅贻琦及夫人到冰心家做客，大家相谈甚欢。冰心给梅贻琦讲述了很多关于丈夫日常的笑话，还即兴作宝塔诗一首，调侃丈夫吴文藻：

马
香丁
羽毛纱
样样都差
傻姑爷到家
说起真是笑话
教育原来在清华

结果梅贻琦听完哈哈大笑，又给这首宝塔诗加了两句：

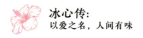
**冰心传：**
以爱之名，人间有味

冰心女士眼力不佳
书呆子怎配得交际花

这段时间对于冰心来说，是在昆明最为轻松快乐的时光，这些趣事冰心在晚年也经常回忆。

一家人在呈贡的日子不算太长，1940年，战争已经波及这里，敌军的炮火已经笼罩昆明，一时人心惶惶。动荡的环境已经严重影响了人们的生活和工作，教学也被迫中止。恰逢此时，吴文藻的清华同学劝他到重庆最高委员会工作，而此时，宋美龄也向冰心发出了邀请。

后来，冰心将和宋美龄的交往形成了文字。

一九四〇年秋天，我突然收到重庆的友人的来信，信上写道，他与蒋介石见了面，在和蒋夫人的谈话中，蒋夫人说她主导的新生活动运动妇女指导委员会现在需要一名文化事业部部长，当我的朋友向蒋夫人提起我的名字时，夫人十分高兴，希望我能坐飞机到重庆与她见面。当时我不知道自己是否能离开昆明，也不知道这个工作的性质……正巧吴文藻因学术会议也要去重庆，于是我们便一起出发了。

……

蒋夫人派自己的秘书钱用和女士来接我们。这天晚上，

## 第六章
### 举家南迁，愿逐芳华

我们在重庆的朋友家住了一宿。第二天早上，钱女士来接我们和妇女指导委员会的总干事、部长等人一同前往郊外蒋夫人的官邸。

……

过了一会儿，钱女士把我带到了对面一座特别大的楼里。那是蒋委员（长）夫妇的住处。

……

一开始夫人用汉语和我交谈，当谈到美国的母校时，我们俩情不自禁地说起了英语。和中文相比，夫人好像更能轻松地用英语交谈。

夫人希望我也能参加她领导的妇女指导委员会，并且劝我来重庆和她一起工作一个月。夫人这样对我说，"谢女士，国难当头，我们必须一个不漏地动员所有的国民。你应该利用自己的影响力指导青年团体。不能再闲居在昆明郊外的小地方了。"……这时，夫人也笑了。夫人没有任何掩饰的态度，非常的自然、温和、使人深深地感到她是一位热情的主妇。

我和蒋夫人以及妇女指导委员会的成员们一起吃了午饭。蒋夫人亲自在桌上烧了咖啡，还给我们吃了她做的点心和糖。重务在身的夫人怎能有时间去厨房呢？我感到难以想象。

因为下午有约，所以我先告辞了。对于夫人的规劝，我表示考虑之后再做答复。三天后，因为夫人派人来询问结

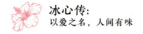

果,所以我再次去了黄山。

我说了一些实际问题。孩子们都还小;战争时期由于交通不方便,所以搬家很困难;再加上最重要的是我丈夫的工作。文藻和自己的学生们在云南开始了农村社会的各种研究,而且进行得非常顺利。我不想离开那儿,除此之外,我自己身体也不太好,办公室的工作做不长,所以想和原先一样住在云南,然后做点儿……说到这儿,夫人突然打断了我的话,"交通问题再多也能为你解决。我很清楚你有一个幸福的家庭。我并不想让你们家人分开什么的。战时的政府非常需要像吴先生那样做研究的教授。你的工作是一时的还是怎样我们以后商量,归根结底还是希望你们两位能来。"

……他们两位也和文藻约好让我们俩一同去黄山。第三次是我与文藻同行,和蒋委员长夫妇以及二三位友人共进午餐。我们从昆明到重庆的搬家计划便在那天定了下来。

(《我所见到的蒋夫人》,原文为日文,虞萍译)

就这样,去重庆的事情已成定局。可是就在他们即将动身前往重庆的时候,冰心接到北平大弟传来的家书:父亲谢葆璋去世了!

冰心听到这个噩耗,悲痛欲绝,她敬爱的父亲就这样离开了她。冰心再没有机会守在父亲的榻前为其养老送终,只能在远方寄托哀思。

第六章
举家南迁，愿逐芳华

父母在，人生尚有来处；父母去，人生只剩归途。冰心将父母的爱融入自己的生命当中，在未来的人生道路上继续前行。

# 3 莫逆之交

"世界上最美好的东西，莫过于有几个头脑和心地都很正直的严正的朋友。"冰心一生交下了很多挚友，与他们真诚相待，互相帮助。其中，巴金是她最知心的朋友之一。

巴金，四川成都人，原名李尧棠，生长在一个官僚地主家庭中，目睹种种丑陋无比的社会黑暗。和冰心一样，他也是在五四运动中有了巨大的改变，开始反对封建制度，追求新时代的理想信念。他曾去法国学习，并创作出许多优秀作品。巴金的代表作有《激流三部曲》《爱情三部曲》《抗战三部曲》。

相识是一场缘分，冰心和巴金的相识源于1933年，他们的第一次见面是因为《文学季刊》组稿的事情。巴金和冰心有一个共同的好友叫章靳以，他陪同巴金一起来到冰心的家中，两人相见恨晚。

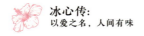

**冰心传:**
以爱之名，人间有味

1940年，巴金任开明书店编辑，得知冰心来到重庆，便去探望。冰心当时生活拮据，巴金建议冰心将她的书重印，又全力办理了此事，令冰心非常感动。1943年，开明书店出版《冰心著作集》，巴金为此书写下了动人的后记。

十几年前我是冰心的作品的爱读者（我从成都搭船去渝，经过泸县，我还上岸去买了一册《繁星》），我的哥哥比我更爱她的著作（他还抄过她的一篇小说《离家的一年》）。过去我们都是孤寂的孩子，从她的作品里我们得到了不少的温暖和安慰。我们知道了爱星、爱海，而且我们从那些亲切而美丽的语句里重温了我们永久失去的母爱。（我记得《超人》里的那个小孩子，他爱他的母亲，也叫我们爱我们的母亲。世界上真的有不爱母亲的人么？）现在我不能说是不是那些著作也曾给我加添过一点生活的勇气，可是甚至在今夜对着一盏油灯，听着窗外的淅沥的雨声，我还能想起我们弟兄从书上抬起头相对微笑的情景。我抑止不住我的感激的心情。固然我们都是三十几岁的人了，可是世间还有不少孤寂的孩子。对那些不幸的兄弟，我想把这《冰心著作集》当作一份新年礼物送给他们，希望曾经温慰过我们的孩子的心的这册书，也能够给他们在寒冷的夜间和寂寞的梦里

## 第六章
### 举家南迁,愿逐芳华

送些许的温暖吧。

1941年1月记

(《关于〈冰心著作集〉的后记》)

巴金回忆了自己及哥哥对冰心作品的喜爱之情,那时在他们的心中,冰心的文章像一盏盏温暖的明灯,在最寒冷黑暗的时候照亮了前方的路。一句句感人肺腑之言体现了巴金对冰心的喜爱、敬仰、感激之情。

后来,冰心的儿女们都长大成人了,她和巴金仍然保持着书信往来。人生得一知己足矣,冰心和巴金的通信就像是姐弟之间的真挚问候。摘录几封信件如下。

冰心大姐:

到杭州将近一月,下星期就要回家。昨天给您写了一封信,写到一半,觉得情绪不对,又在发牢骚,没有意思,索性把它作废,另起炉灶,简单写几句。先说我的情况,我的身体好些,但老实说应该是一年不如一年,这次到杭州火车停下来,别人搀我下车,我几乎不能走路。我现在拄着手杖或者推着助步器还可以走几步,这说明上半年我的身体很差。我只讲自己,因为徐钤、祁鸣从北京带给我您的录像带,他们代我去探望您,把我引到您的客厅,分别九年之后我又见到您,还是那样谈笑自如,那样风趣,还谈起我的"生活秘书"吴小平,

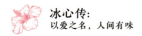

**冰心传:**
以爱之名，人间有味

那个写信要您签名送书的小青年。

我很累，不写下去了。想不到写这短信也很吃力，我看，我的脑子有毛病。但信总是要写的。即使写字不成形，我还是不能丢掉我这支秃笔。那么再见吧！请多多保重。

祝好！

巴金

5月9日，94年

冰心大姐：

来杭州以前就准备今年10月4日从西湖给您发个电报，只有几个字：祝您生日快乐。一句极平常的话，说明我真实的感情，这多好！可最后改变了主意还是通电话，没有想到5日那天您到医院躲去了。不能让您听到我的声音，也没有能听到您那有风趣的讲话，不用说，有点失望，但也可以说抱着更大的希望：明年想个办法给您拜生、给您祝寿吧。

我常说身体一年比一年差，这是真话，不过我看也有反过来的时候。的确最近手又抖了，自己感觉精神良好，乐观起来，常常做同你见面的梦。

祝生日快乐！

巴金

94年10月

巴金在冰心面前，就像一个弟弟在姐姐面前那样坦诚和率

## 第六章
### 举家南迁，愿逐芳华

真，他也真心把冰心当作姐姐。巴金曾说过："我们喜欢冰心，跟着她爱星星，爱大海，我这个孤寂的孩子在她的作品里找到了温暖，找到失去的母爱。"

从前车马很慢，书信很远。冰心和巴金在漫长岁月里的真心相伴，如绵延流水，渗透到内心，直抵灵魂。

冰心真诚待人，为人亲善。人们都愿意靠近她，女作家赵清阁就是其中一位。

冰心和赵清阁一直保持着书信往来，后来，赵清阁征得冰心同意之后，将这些珍贵的书信收录在《沧海往事——中国现代著名作家书信集锦》里出版。赵清阁在书序中写道：

> 通过这些信看出前后两个时期，冰心经历了不少变化，有幸、有不幸，她都处之泰然。这是她超逸的修养分不开的，我佩服她。我觉得她的一生，就是一篇优美的散文诗！

不仅自己能渡过难关，还能给身边的朋友积极正面的影响，这应该是冰心让朋友们都敬重的地方吧！

冰心和梁实秋也有着非常珍贵的友谊。他们共同经历了很多，因而建立起深厚的革命友谊。梁实秋和冰心曾同作为社会贤达，就任过南京国民政府时期国民参政会的参政员，那段艰苦岁月是两个人共同的记忆。清苦的生活里，冰心不断鼓舞着他，这让梁实秋深受感动。

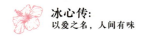
**冰心传:**
以爱之名，人间有味

冰心和梁实秋有很多共同的好友，他们思想上的默契是何等珍贵，共同的追求又是何等高尚。他们相聚是一团火，分别是满天星。

冰心在梁实秋生日时曾为他题词：

> 一个人应当像一朵花，不论男人或女人。花有色、香、味，人有才、情、趣，三者缺一，便不能做人家的要好的朋友。在我的朋友中，男人中算实秋最像一朵花，虽然是一朵鸡冠花，培植尚未成功，实秋尚须努力！

时光不老，友谊不散。真正的友谊就像一杯醇香甘甜的酒，时间越久，越有味道。

# 4 辗转重庆

1940年，冰心一家人来到重庆。每换一个新的环境，第一件事情就是布置好临时的家。对于这些，冰心已经驾轻就熟了。冰心把家人安顿好之后，还把富奶奶的女儿也接了过来，后来又

## 第六章
### 举家南迁，愿逐芳华

送她到复旦大学读书，费用全部由冰心出。冰心对富奶奶一家人感情很深，他们之间的关系已经远远超越主仆关系。

一切安顿好之后，冰心就马上投身到宋美龄组织的妇女指导委员会中，冰心担任的是该委员会的文化事业组组长，主要负责编辑和宣传工作。在妇女指导委员会中，冰心开阔了眼界，认识了很多进步人士。

最初，冰心对自己的工作抱有很大热情。对于文章的审评，冰心自然是行家里手，她阅稿特别认真，还总结出问题，向广大作者提出建议。冰心在《写作的练习》中写道：

> 有人说："写作靠天才。"其实，这话并不尽然，所谓天才是什么？天才的定义，是一分灵感，九分出汗，这句话就是说要多写多看。
>
> 关于多看，中外书籍都应当看，不但是文学，就是心理学、自然科学、社会科学等都应当抱着"开卷有益"的态度去多看。……
>
> 一个作者还应当：多接近前辈作家，多和他们谈话，因为谈话也是一种艺术，富于热情的人，他的谈话有力，富于想象力的人，他的谈话很美，头脑清楚的人，他的谈话有条理；这三种便是写作最重要的条件。
>
> ……

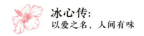
冰心传：
以爱之名，人间有味

……作家应当站在客观立场上来透视社会，解剖社会，将社会黑暗给暴露出来。

(《写作的练习》)

这是一篇言辞诚恳的文章，作家冰心在这里写出了自己的写作初心，指出了勤奋、理性、客观、透视社会对于写作的重要性。

但是现实总是与冰心期待的不同，妇女指导委员会并不像表面上这样风平浪静，这其中也有很多人不是为了抗战而来，而是另有目的，冰心也感觉到国民党有很多方面表里不一，存在很多问题，这种复杂的局面让她感到力不从心。

当时和冰心共事的还有刘清扬、史良，她们劝冰心一定要小心。加上身体健康问题，冰心决定，不如离开这个是非之地。虽然宋美龄极力挽留，但是冰心态度坚决，并推荐了一位才能出众的燕大校友来接替自己的位置。冰心和吴文藻当时的生活已经捉襟见肘，但是冰心还是将妇女指导委员会发放的四个月的工资全部退还。

值得一提的是，在1941年春举办的中华全国文艺界抗敌协会（简称"文协"）的欢迎会上，冰心第一次见到了周总理。那次见面，给冰心留下了深刻的印象。

会开始不久，总理从郊外匆匆地赶来。他一进到会场，

## 第六章
举家南迁，愿逐芳华

就像一道阳光射进阴暗的屋子里那样，里面的气氛顿然不同了，人们顿然地欢喜活跃起来了！总理和我们几个人热情地握过手，讲了一些欢迎的话。这些话我已记不清了，因为这位磁石般的人物，一下子就把我的注意力吸引住了！只见他不论走到会场的哪一个角落，立刻就引起周围射来一双双钦敬的眼光，仰起一张张喜悦的笑脸。他是一股热流，一团火焰，给每个人以无限的光明和希望！这在当时重庆的悲观、颓废、窒息的生活气氛之中，就像是一年难得见几次的灿烂阳光。

（《永远活在我们心中的周恩来总理》）

因为仰慕，所以更加尊敬。敬爱的周总理在冰心的心里早已经树立起一个无比高大伟岸的形象，后来，周总理和邓颖超也给予冰心夫妇很多的关心和帮助。

为了远离是非，冰心搬到了重庆的郊外歌乐山，在这里暂时避避纷乱的局面。

冰心给重庆歌乐山上的住所取了一个颇有诗意的名字"潜庐"。这里环境清幽，无论是冰心的"文协"文友，还是吴文藻的好友，都喜欢到这里来。

冰心在《力构小窗随笔》中描写过潜庐的样子：

潜庐只是歌乐山腰，向东的一座土房，大小只有六间屋

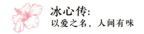

冰心传：
以爱之名，人间有味

子，外面看去四四方方的，毫无风趣可言！倒是屋子四周那几十棵松树，三年来拔高了四五尺，把房子完全遮起，无冬无夏，都是浓阴逼人。房子左右，有云顶兔子二山当窗对峙，无论从哪一处外望，都有峰峦起伏之胜。房子东面松树下便是山坡，有小小的一块空地，站在那里看下去，便如同在飞机里下视一般，嘉陵江蜿蜒如带，沙磁区各学校建筑，都排列在眼前。隔江是重庆，重庆山外是南岸的山，真是"蜀江水碧蜀山青"，重庆又常常阴雨，淡雾之中，碧的更碧，青的更青，比起北方山水，又另是一番景色。

(《力构小窗随笔》)

当时，《星期评论》的主编刘英士来看望冰心，希望她能为杂志写稿。这样一来，冰心又投入到写作事业当中。

冰心以"男士"为笔名在《星期评论》上相继发表了《关于女人》的系列文章：《我最尊敬和体贴她们》《我的择偶条件》《我的母亲》《我的教师》《叫我老头子的弟妇》《请我自己想法子的弟妇》《使我心疼头痛的弟妇》《我的奶娘》《我的同班》，共9篇。

1943年，天地出版社通过冰心的学生和冰心商谈出版《关于女人》事宜。出版社方面希望冰心再多创作几篇，方便结集出版《关于女人》一书。冰心日夜操劳，只完成了书的上半部分就生病卧床不起了。冰心心中始终惦念此事，病刚见好，便投入

## 第六章
举家南迁，愿逐芳华

到下半部分 7 篇文章的写作中：《我的同学》《我的朋友的太太》《我的学生》《我的房东》《我的邻居》《张嫂》《我的朋友的母亲》。《关于女人》的出版受到了重庆读者们的喜爱。

冰心的作品总是能体现她温暖的灵魂，这也是她的作品得到好评的原因。无论是普通读者，还是作家读者，都对冰心的作品十分关注，叶圣陶就是其中一位。冰心在发表《关于女人》之后，叶圣陶用笔名在《国文杂志》上发表了对冰心作品的积极评价。叶圣陶在开明书店工作时期为《冰心著作集》写道：

> 作者以诗人的眼光观看一切，又用诗的技巧驱遣文字。她的作品，无论诗、小说，还是散文，广义的说都是诗。二十多年以来，她一直拥有众多的读者。文评家论述我国现代文学，谁也得对她特加注意，作者详尽的叙说，这原是她应享的荣誉。

冰心以男士的口吻叙述这些故事，显示出此时冰心的写作已经达到相当纯熟的水平。

奈何生活却不总是风平浪静，1942 年春，吴文藻因为积劳成疾，终于支撑不住，得了肺炎，住进了医院。家里的顶梁柱倒了，这下可急坏了冰心。吴文藻在医院住了一个月，仍然不见好转，持续高烧，精神状态非常不好。

一日，吴文藻脉搏微弱，冰心急忙去找医生。当她回到病房

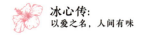
冰心传：
以爱之名，人间有味

的时候，看到吴文藻周围都是人，心中不禁"咯噔"一声，仿佛那是心脏承受不了现实的声音。她已经做了最坏的打算。再一回头，只见吴文藻翻了个身，出了一身冷汗，医生看了说这是没什么大碍了，冰心心里的大石头终于落下了。

当时前方战争不断，后方物资缺乏，加之吴文藻身体刚恢复，需要补充营养，冰心节衣缩食，不敢乱花一分钱。她的衣服已经很久没有换新的了，自己的口粮也是一省再省，身形日益消瘦。但是冰心还继续供富奶奶的女儿读大学，富奶奶看了心疼，劝冰心多为自己考虑，冰心却还安慰富奶奶自己能够承担。

在冰心的精心照料下，吴文藻的身体终于日渐好转，生活又重归正轨。吴文藻的病刚刚好，他就立马投入到工作当中。

日子虽然清苦，夫妻二人却能同心同德，没什么比这更让人觉得欣慰了。爱情不是锦上添花，更需要的是雪中送炭和相濡以沫。冰心和吴文藻经历了太多的风风雨雨，而这些都没有让他们失去对生活、对未来、对国家的信心。小爱终将成为大爱，在世间的一角温暖绽放。

# 第七章 一念山河，殷切思归

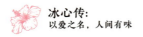

## 1 重归祖国

1945年8月,英勇的中国人民经历了长达14年之久的抗战,终于取得了胜利!

这十多年来,战争带来的痛苦令人无法忘怀,冰心和吴文藻原本在北平平静充实的教书日子被战争打破之后,便流亡辗转了数年。而今,冰心日思夜盼,终于盼来祖国胜利这个好消息。多少人终于可以结束在外漂泊的生活,安安心心地回家。

冰心和吴文藻准备回到燕大复工,于是冰心又开始忙碌起来。冰心起先到母校进行演讲,后来又参与学校的各项工作。

生活如果按部就班地进行,就不会发生更多的故事。有时候,命运会出现不同的契机,让你没有太多的思考时间,便做出了抉择。无论是对是错,只有去尝试过才会知道。

日本投降后,中国作为战胜国,需要派一个军事代表团前往日本,吴文藻的清华同学朱世明受任驻日代表团团长,他邀请吴文藻担任代表团的政治组长,兼盟国对日委员会中国代表团顾问。

## 第七章
一念山河,殷切思归

    吴文藻正想了解战后日本政局和重建的情况及形势,他想到日本做社会现场考察,做专题研究,因而打算趁此机会赴日。

    冰心没有和吴文藻一同去日本,而是先回到北平把孩子安顿好。冰心的大儿子和大女儿都被安置在北平读中学,随后,冰心回到了自己的母校燕京大学。

    冰心回到当年自己和吴文藻存放东西的地方,却发现那里已经空空如也!那些珍贵的书早已经不复存在,这令她心痛不已。

    战争带来的毁灭是瞬间的,带来的伤害却是永恒的。这一切的变故都源于战争,残酷而可怕,但是冰心却不得不接受。虽然没有了"小家",但是现在国家形势稳定,未来也有了规划,冰心的心情趋于平静。

    冰心拜访了很多朋友和亲戚,看到大家都平平安安,她很欣慰大家都度过了这场劫难。冰心不仅是探望各位亲戚和朋友,同时也是与他们告别。来到上海的时候,她和弟弟谢为楫见了面。谢为楫和姐姐感情深厚,此时的他已经成家立业、有了孩子,他说为了纪念姐姐,给孩子取名字的时候都特别在其中加了"心"字,冰心听了非常高兴,她很欣慰弟弟如今事业稳定,家庭幸福。

    冰心将国内的一切安顿好之后,就开始准备动身去日本了。

    结束和开始就像是一张错综复杂的网,人们有时候无法分辨哪里才是正确的出口,但是只要一直努力寻找,总有一天能走上一条让人感到舒服和自然的道路。

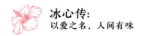

## 2 东京岁月

  第二次世界大战之后的日本，失去了昔日的繁华，只留下满目疮痍。

  此时，吴文藻已在日本安顿好，并于1946年10月回南京接冰心及小女儿乘飞机来到东京。

  冰心到日本，引起了日本许多媒体的热切关注。东京当时的报纸这样刊登关于冰心来日本的消息：中国文坛第一流女作家、享有声望的谢冰心女士最近来日。

  冰心在当时文学界有很大的影响，日本也有很多喜欢冰心的读者。前来拜访、约稿的人很多，冰心开始忙碌起来，她对待日本书友非常热心，通过这种方式，为中日和平友好的关系不懈努力着。

  冰心不仅有身为作家的专业素养，更重要的是，她有一颗悲悯之心，以女性特有的角度去观察社会、感知冷暖。

  1946年11月，冰心参加了中日女作家的座谈会。在会上，冰心赞扬了日本女性勤劳、谦卑的品质，并谈了自己对战争的看法和对和平的向往。冰心的许多肺腑之言，引发了日本青年作家

## 第七章
一念山河，殷切思归

们的共鸣，他们对战争的受害者也深表愧疚和同情，对军阀表示愤恨和反抗。在战争的问题上，日本群众和中国人民一样，大家都是和平的支持者。

冰心表示，中国人民对日本人民只有同情，没有仇恨，也希望以后中国能和日本在文学上多交流，增强友好关系。这次座谈会十分成功，大家坐下来就像是一家人，大家都有一个目标，就是生活在一个安全和平的国度里。

冰心还应邀写了《给日本的女性》这篇文章，描写了战争给她带来的苦难，她对生活有了新的认知。

> 世界上最大的威力，不是旋风般的飞机，巨雷般的大炮，鲨鱼般的战舰，以及一切摧残毁灭的武器……拥有最大威力的还是飞机大炮后面，沉着地驾驶射击的，有血、有肉、有感情、有理智的人类。机器是无知的，人类是有爱的。……让我们携起手来吧，我们要领导着我们天真纯洁的儿女们，在亚洲满目荒凉的瓦砾场上，重建起一座殷实、富丽的乡村和城市，隔着洋海，同情和爱的情感，像海风一样，永远和煦地交流！
>
> （《给日本的女性》）

冰心说，促进中日关系，女作家任重道远。她鼓励日本女作家拿起笔来，为和平发声，为日本女性发声。

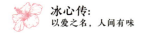

冰心传：
以爱之名，人间有味

有一位日本妇女从很远的地方赶来，就为了见一眼冰心。她说中国人的善良让她感到惭愧，自己的儿子参加战争死在战场，但这并不是荣耀！冰心安慰她，日本妇女深深地忏悔着……

很多华人知道冰心来日的消息后，也纷纷前来拜访。冰心向他们介绍了中国的现状，让他们感慨不已。

冰心和吴文藻在中日关系方面做出很多努力。他们十分同情战后日本的孩童，还慷慨解囊，予以资助。冰心在日本几经探寻，终于见到了威尔斯利的校友濑尾澄江。两位多年不见的老同学，一见面就紧紧相拥，促膝长谈。

在日本的日子里，濑尾澄江和其他两位校友经常和冰心一起相聚，这令身在异乡的冰心生活不会太孤单。

一切苦难都会成为过去，而苦难带来的创伤则需要一点一点地去修复。冰心尽量用自己的影响力修复中日关系。

在日本居住了半年之后，1947年5月，冰心回到南京参加第四届国民参政会。参政会结束后，冰心看望了在北平读书的孩子，也探望了许多师友。冰心回到燕京大学，燕大学子都十分高兴，看到冰心就好像看到了亲人，大家积极准备为冰心接风。

冰心回到母校就如回到了家，大家谈天说地，无拘无束。冰心的爱国情怀也影响着燕大学子，激励他们为祖国的建设继续前行。

回国的日子是短暂的，但是每一天都愉快而幸福。

## 第七章
一念山河，殷切思归

虽然冰心和吴文藻身在日本，但是他们的内心始终紧系着祖国母亲，时刻关注国内的政治风云。在中国驻日代表团里，协助吴文藻工作的副组长谢南光是中国共产党的地下党员，也正是因为这个契机，谢南光和吴文藻、冰心的交流比较多，谢南光了解到冰心和吴文藻也是爱国人士，便和他们成为朋友，将自己秘密得到的毛泽东著作以及其他学习材料都借给他们夫妻二人学习，还总借着打桥牌来到冰心和吴文藻的家中和他们探讨国内情况。

然而百密一疏，尽管他们每次聚会都很小心谨慎，最后还是被国民党军统的特务发现。

有一日，一个陌生人来到家中，当时只有冰心的小女儿吴宗黎（吴青）在家，她很有礼貌地请那位陌生人坐下，但是他并没有坐下，而是在书架上一顿乱翻，行为举止很是怪异。冰心回家的时候，女儿赶快把这件事情告诉了她。晚上吴文藻回家后，听冰心说起这件事情，马上去书架翻看了自己的书，果然少了一本《论持久战》！冰心和吴文藻立即明白，他们已经被特务盯上了！

情况已经十分紧急，但是他们也不能轻举妄动。之后的日子他们格外小心，这种生活令人感到压抑，因为军统应该已经发现了他们的"秘密"。

冰心晚年曾写道：

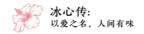

**冰心传：**
**以爱之名，人间有味**

  那时远在异国的我，是空虚寂寞，苦闷消沉，像一个深山中迷路的孩子，四面传来惊人的虎啸和猿啼。我多么希望眼前忽然出现一盏明灯，一只巨手呵……巨手出现了，我正读到《论人民民主专政》一文中的："人民的国家是保护人民的"……我不再是一个孤儿了，我有一个保护我的国家，有了引导我的救星，新生命投入我憔悴的躯体，我成了一个坚强的人！

（《我永远感谢毛主席》）

  对祖国的期待支撑着此时的冰心，她带着对祖国的殷切期盼，在日本继续为两国关系的改善奉献自己的力量。

  冰心的大女儿吴宗远（吴冰）和儿子吴宗生（吴平）都先后来到了日本读书。

  1948年，冰心受邀到东京大学讲学，她给东京大学的学生做了五次演讲，主题是"中国文学的背景""中国旧文学之特征""新闻学的产生""新闻学的特征"等五个方面。她讲得生动而翔实，推荐了很多国内有识之士的作品。鲁迅、巴金、茅盾、丁玲、沈从文、郭沫若等人的作品，冰心都一一做了推荐。当时仓石五四郎为冰心"怎样欣赏中国文学"的演讲做翻译，受到了东大学子的热烈欢迎。

## 第七章
一念山河,殷切思归

1949年,老舍给冰心写信说到国内已经发生了翻天覆地的变化,他准备动身回国,会路过横滨。冰心和吴文藻得知中华人民共和国成立的消息,振奋不已,虽然当时他们在特务的严密监视之下,但还是不顾生命危险,来到横滨为老舍送别。

冰心和吴文藻在日本前途未卜,但是他们依然在为促进中日关系继续努力,并期待着赶快回到祖国的怀抱。

## 3 游子西归

1949年1月,北平和平解放。10月1日,中华人民共和国成立。冰心在日本听到这些消息,兴奋得不能自已。但是此时,回国已经成为一个天大的难题了,他们被严密地监视起来,成了有"家"不能回的人。他们对祖国日思夜念,一直在等待着合适的机会。冰心和吴文藻内心饱受煎熬,他们忧心忡忡却不能表露于色,在孩子面前还要强装镇定。

情况越来越紧张,有一位横滨领事因为同情共产党员,被"中统"密报召回台湾后枪毙了,大家都非常痛心。后来又传出二谢二吴(谢冰心、谢南光、吴文藻、吴半农)促使朱世明起

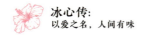
冰心传：
以爱之名，人间有味

义的谣言，局势对他们越来越不利。很快，朱世明被调离日本，回到台湾，吴文藻借着这个时机也递交了辞呈。

冰心和吴文藻迫于形势，想马上脱离驻日代表团，然而辞职后仍不能回祖国，只得在日逗留，寻找机会。那时候能在日本居住的华人只有商人和记者，谢南光通过华侨的关系为吴文藻取得了《星槟日报》的驻日记者身份，冰心则被东京大学中国文学科聘为讲师。二人在日本又停留了一年，做缓兵之计。谢南光经常到吴文藻家中，与他们夫妇商讨着归国之计。

天无绝人之路，正在冰心和吴文藻为自己的处境感到一筹莫展之时，美国耶鲁大学向吴文藻发来了信件，邀请他到美国任教，并给他邮寄了路费和聘书。这对吴文藻和冰心来说无疑是离开日本绝好的机会，可是他们心系祖国，也不想自己的儿女日后留在国外，面对眼前的机会，夫妇俩又开始纠结起来。

思忖再三，他们决定以去美国任教为由先离开日本，然后再回国。在回国的过程中也要谨慎行事，为了不引起怀疑，冰心以到香港给女儿做衣服为理由，和家人乘坐一艘印度客轮，来到了香港。

此时的冰心思绪万千，对日本人民，冰心深深地表示同情，对帝国主义侵略的本性感到深恶痛绝！她的内心在呼喊，在哭泣。

十多年后，冰心想起离开横滨码头的情景，写下了《一只木屐》。

## 第七章
### 一念山河,殷切思归

……离船不远的水面上,漂着一只木屐,它已被海水泡成黑褐色的了。它在摇动的波浪上,摇着、摇着,慢慢地往外移,仿佛要努力地摇到外面大海上去似的!啊!我苦难中的朋友!你怎么知道我要悄悄地离开?你又怎么知道我心里丢不下那些把你穿在脚下的朋友?你从岸上跳进海中,万里迢迢地在船边护送着我?

(《一只木屐》)

在冰心的心中,木屐象征勤劳的日本人民,离愁别绪让冰心眷恋这片土地,她只能用文字记录这份情怀,在心里默默祈祷和祝福……

几经辗转,冰心和吴文藻才回到祖国的怀抱。吴文藻退回了美国耶鲁大学的聘书和路费,并衷心地表达了歉意和感谢——也正是有了这个机会,吴文藻和冰心才得以脱身。

日月星辰,岁月不语。人生有时候就是有这样的奇迹,看似比登天还难的事情,会突然有了转机,关键在于人要有坚定的信念!

冰心一家人抵达天津时,被安置在一座三层小洋楼里。冰心和吴文藻后来才知道,自己一家人能够顺利回国,都是周总理在帮忙做工作,这令冰心和吴文藻感动不已。

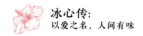

"慈母手中线,游子身上衣。"中国人民的铮铮傲骨不会被任何艰难险阻所打败。在外漂泊的孩子无时无刻不在思念着祖国母亲,祖国母亲又何尝不是时时刻刻都在牵挂着自己的孩子!回到家里,心中沉重的石头才能落地;回到家里,一切才能从长计议。

# 4 崭新生活

经历过风雨才会见到彩虹,冰心的人生又翻开了新的一页。在国外多年,冰心回到阔别已久的祖国,感恩激动的心情无法言喻。

1951年,冰心和吴文藻带着两个女儿回到了北京,回到了他们想念已久的故乡北京,迎来了新的生活。

党中央和政府给予吴家无微不至的关怀,还为他们安排了隐秘而安全的住所——当时冰心和吴文藻回国之事还处于保密阶段。冰心的儿子吴宗生改名为吴平,女儿吴宗远改名为吴冰,吴宗黎改名为吴青。

## 第七章
### 一念山河，殷切思归

一切安排妥当，冰心和吴文藻过了一段安静平和的日子。

虽然不能光明正大地回到中国，但是冰心和吴文藻已经非常满足。他们趁平时大家上班的日子或者人少的时间，游览北京名胜古迹，上街购物，去书店买书。看到祖国日新月异的变化，冰心内心的喜悦都流露于纸笔之间。

冰心曾写道："我回到祖国，回到我最熟识热爱的首都，我眼花缭乱了！几年不见，她已经不再是'颜色憔悴，形容枯槁'，而是精神抖擞，容光焕发了。"（《归来以后》）冰心看到祖国的发展，感到欣喜、激动，也迫不及待地想为祖国做些什么。

利用这段时间，冰心和吴文藻在这个阶段潜心学习了大量社会主义、现实主义的文艺理论知识以及大量有关国内政治形势的文件，来武装自己的头脑。如今回到国内，再也不用像在日本一样偷偷摸摸地学习了，他们两人相互交流、相互学习，不断进步。

冰心和吴文藻在组织的安排下，会见了许久未见的老朋友们。与潘光旦、费孝通相见令吴文藻兴奋不已，两人在国内都已经有了很好的发展。费孝通是中央民族学院的副院长，潘光旦时任中央民族学院中南民族室主任。郑振铎也来看望冰心，他现在从事全国文学艺术方面的工作，并热衷于历史文物的保护工作。冰心看到昔日的老友如今都发展得很好，由衷地感到欣慰。他们还见到了老舍、罗常培等人，大家都在为建设祖国热情昂扬，冰

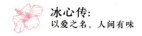
**冰心传：**
以爱之名，人间有味

心和吴文藻也想赶快结束这种"隐秘"的生活，投入到建设祖国的事业当中来。

1952年夏天，周总理在中南海西花厅亲切接见了冰心和吴文藻，周总理欣赏冰心夫妻的学识、气度，和他们做了长谈。总理问及他们今后的打算，吴文藻和冰心都表示会听从组织安排。周总理的关怀让冰心和吴文藻十分感动。总理说："新中国成立以后，与许多国家建立了外交关系，和国际交往也会增多，你们的女儿都学过英语，以后是不是可以继续学外语？"冰心将总理的话转达给两个女儿，她们后来都考入外语系。

总理和蔼可亲，生活朴素，招待他们的四菜一汤里有小米粥和炒鸡蛋等家常菜。冰心从心底敬佩这位总理。

1953年，冰心加入中国作家协会，参加了中国文学艺术工作者第二次代表大会以及全国文学工作者代表大会。在会上，她听取了周总理及其他文艺界领导人的报告，关于文学创作和批评的最高准则也都在大会上研究、确立。

经过一番准备和学习，冰心和吴文藻都有了自己的工作。冰心加入中国作家协会工作，吴文藻到中央民族学院研究少数民族情况，后来担任历史系民族志教研室主任。冰心和吴文藻终于能为祖国建设贡献力量。

冰心应邀参加了政协全国委员会组织的《中华人民共和国宪法》草案（初稿）座谈会，并任第一届全国人民代表大会代表。对此，冰心深感荣幸、满怀感激。

冰心和吴文藻得以放开手脚忙事业，如参加各种会议、出国

## 第七章
一念山河,殷切思归

访问。吴文藻把精力大都放在研究和教学上,冰心则在忙于日常工作的同时,继续创作。冰心此时的创作重心在儿童文学上。

1953年到1956年,冰心创作了《陶奇的暑期日记》,这是冰心回国后给读者们的第一份礼物。通过记录陶奇和伙伴们的暑假生活,冰心想表达在新中国,在党的关怀和领导下,孩子们能茁壮快乐地成长。本书出版后,受到小读者的欢迎。

儿童文学的创作,讲究生动有趣,要以儿童的视角观察事物。冰心保持和孩子们的联系,随时了解他们的思想变化和兴趣爱好,写出来的东西自然十分贴近他们的生活,受到孩子们的喜爱。

除此之外,冰心依然关注社会问题,关注社会主义建设,作品里也因此具有鲜活的时代气息。

1957年,中国作家协会针对儿童文学选编的《儿童文学选》,由冰心作序。在序言中,她对童心提出了自己的新看法:

> 所谓"童心",就是儿童的心理特征。"童心"不只是天真活泼而已,这里还包括有:强烈的正义感——因此儿童不能容忍原谅人们说谎作伪;深厚的同情心——因此儿童看到被压迫损害的人和物,都会发出不平的呼声,落下伤心的眼泪;以及他们对于比自己能力高、年纪大、经验多的人的美慕和钦佩——因此他们崇拜名人英雄,模仿父母师长兄姐的言行。他们热爱生活;喜欢集体活动;喜欢一切美丽、新奇、活动的东西,也爱看灿烂的颜色,爱听谐美的声音。他

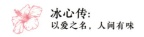

**冰心传：**
**以爱之名，人间有味**

们对于新事物充满着好奇心，勇于尝试，不怕危险……

(《〈儿童文学选〉序言》)

  冰心爱孩子，对儿童文学深有研究。她的儿童作品不仅仅写童真童趣，更反映了儿童的正义和勇敢，传达正能量。冰心接触儿童，深入他们的生活，创作出很多经典之作，《好妈妈》《我的秘密》《雨后》等作品都是冰心在这个时期创作的。

  人们往往以为孩子的心智不够成熟，对事物的理解和认知不够深刻，因此忽视了儿童文学对下一代的影响。冰心关注到这个问题，并且不断地创作出优秀的儿童文学作品，给无数小读者带来了启发与关爱。

  冰心1957年创作的经典作品《小桔灯》讲述了抗战即将结束时，长期生活在战乱中的人们对光明的渴望。一个地下工作者的女儿，因为母亲重病，独自带着母亲看病。在如此艰难的条件下，小姑娘仍然乐观坚强，送了"我"一盏自己做的小桔灯，表达了对未来的期待和盼望。冰心饱含深情，歌颂了小姑娘勇敢面对苦难的乐观精神，这种精神成为"我"心上的明灯。

  冰心的生活充实而忙碌，但她深感快乐。能为祖国建设添砖加瓦，是自己曾在异国他乡日思夜盼的事情，如今心愿终于得以实现。为了国家的需要，冰心及家人以国家利益为己任，奉献了所有力量。

第七章
一念山河,殷切思归

## 5 和平使者

和平,是每个爱国志士最崇高的理想。拥有和平,才有国泰民安;拥有和平,才可兴业安邦。

在中国当时的大环境下,冰心为了自己喜欢的事业而奋斗,虽然感到忙碌和疲惫,但是她的内心始终是快乐的。而对于丈夫吴文藻来说,学有所用、学以致用更是让他找到了实现自我价值的方式。

中华人民共和国刚刚成立,正积极发展对外关系,因此需要这方面的外交人才。冰心当时在国际上知名度较高,她的经典作品和高尚人格都广为流传。周总理也很欣赏冰心,于是冰心被选派为出国访问的代表,为中国的外交关系做出了重要贡献。

1953年11月,冰心参加中印友好协会访问团,随团访问了德里、马德拉斯、孟买等19个印度城市,访问时间近两个月。访问团所到之处,都受到印度群众的热烈欢迎。在德里,冰心参观了贾玛寺和红堡。1954年,冰心发表了《印度之行》《回忆我在印度的日子》两篇文章。

冰心具有独特的人格魅力,不仅受到印度人民的欢迎,也受

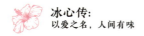
**冰心传:**
以爱之名,人间有味

到同行作家夏衍的高度赞美。

> 她博古通今,英语讲得很流利……有一次,我们访问泰戈尔的故居,在欢迎的茶会上,因为她翻译过泰戈尔的作品,所以丁老和我都推她即席讲话,她先用英语背诵了两首泰戈尔的诗,然后简洁地介绍了泰戈尔对中国的友谊和他在中国的影响;另一次是我们在尼赫鲁官邸吃午餐,席间冰心同志和尼赫鲁的女儿、现任印度总理甘地夫人的谈话,使我这个干了多年外事工作的人感到佩服。她那种不亢不卑,既有幽默又有节制的风度,我认为在这方面,我们文艺队伍中,可以说很少有人能和她比拟的。

(《赞颂我的"老大姐"》)

和冰心一同访问印度的代表团的每一位成员,都对冰心这位大姐敬佩有加,冰心给代表团增添了一抹亮色,她的亲和力和感召力在访问印度时体现得淋漓尽致。

1955年4月,冰心参加了在新德里召开的亚洲国家会议,冰心在印度积极宣传和平共处五项原则,回国后创作了《印度重游记》,体现了她对印度深深的感情。

外交犹如一把钥匙,通过它,可以打开中国和其他国家之间的大门。冰心忙于出访活动,在为祖国外交关系做贡献的同时,也开阔了自己的眼界。

1955年,冰心参加了瑞士洛桑的世界母亲大会,对于女性

## 第七章
一念山河,殷切思归

的话题,冰心有很多话要讲,她谈到日本战后妇女和孩子的现状,指出了战争给人带来的灾难和后果,呼吁人们为了母亲,为了孩子,为了和平而共同努力。

冰心温厚、睿智,她以女性的温暖感召了无数人。

冰心一行人的出访行程被安排得满满当当,冰心在瑞士的工作还没有结束,就接到新的工作任务:到日本参加禁止原子弹和氢弹世界大会。这次会议对于世界和平具有重大意义。

战争给人民带来了无尽的痛苦,冰心对此深有感触。关于战争的话题,因她曾经也是受害者,心中便有千言万语要讲。

冰心身上的使命感日益增强,她在各种访问交流中表现出不卑不亢的精神,在国际上得到了高度认可。冰心在日本参加禁止原子弹和氢弹世界大会期间,一向热爱和平的她看到原子弹受害者的代表后,心情无比悲愤和沉重!冰心将对战争和原子弹的愤怒写入了文字里。

> 资料馆里陈列的原子弹毁坏杀伤的种种相片和表格,周览之后,使我们切齿痛恨原子狂人的不可饶恕的罪恶!在这大规模屠杀的原子武器爆炸之下,长崎市民死者有七万五千多人,伤者也有七万四千人多,其中大部分是老幼妇孺。这种极端野蛮的破坏国际法的作战方式,是对全人类的挑战!
>
> (《日本纪行》)

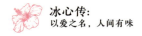
**冰心传:**
以爱之名,人间有味

冰心对日本妇女表示深深同情。回国以后,冰心创作了《为和平而斗争的日本妇女》《〈广岛姑娘〉》等文章。

日本访问结束后,中国代表团继续访问亚非等国家,他们参加了亚非人民团结大会,展示了新中国人民的风采,和亚非人民建立了友好关系。他们还访问了罗马、威尼斯、爱丁堡等地。

新中国的外交活动打开了一扇又一扇的门,只有敞开大门,欢迎四海宾朋的到来,才能让自己的家更加充满活力。因此,访问活动马不停蹄地进行,代表团像播撒种子的人,将希望洒在每一个国家。

# 第八章 十年浩劫,半生你我

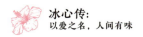

# 1 艰苦岁月

原本以为余生就这样为建设祖国的理想奋斗不息，不想未来还会丛生荆棘。冰心接下来要面对的是非常艰难的人生，这段经历也是对她和全家人的一次考验。

1957年4月27日，中共中央下发了《关于整风运动的指示》，一场整风运动拉开了序幕。

冰心和吴文藻在《人民日报》上看到《这是为什么?》时，发觉整风运动已经逐渐偏离了方向："在整风运动中大多数人的批评意见是对的，善意的，但在此过程中，极少数资产阶级右派分子错误地估计了形势，利用共产党整风的时机，打着帮助党整风的旗号，发动了向党的攻势。"

这场劫难在不知不觉中向他们靠近。6月14日，吴文藻受邀出席民主党派的会议。在会上，很多人在发言中列举了吴文藻之前的言论，并以此为攻击目标，对他进行批评，称他是"民院典型的资产阶级右派分子"。

这突如其来的打击让两人怎么都不敢相信，吴文藻拒绝美国

## 第八章
十年浩劫，半生你我

耶鲁大学的邀请，毅然选择回国，为祖国建设做贡献，怎么会是"右派"？当时吴文藻满是委屈，他和妻子历尽千辛万苦回到祖国，如今这样一顶沉重的"帽子"竟然莫名其妙地扣在自己头上，令他苦不堪言。

从此以后，吴文藻便开始几次三番地接受批判。曾经孜孜不倦的风雅学者，如今被批判、侮辱，他的身体和心理承受着双重折磨。吴文藻曾在日记里表达自己对现状和对生命的绝望，幸好有爱人冰心在一旁支持他、鼓励他、帮助他，否则他一定无法渡过难关。

令冰心感到痛心的不止于此，她最疼爱的三弟谢为楫也被划为"右派"。

谢为楫时任上海港务局工程师，为人直率，快人快语，参与到整风运动中来，大胆揭露了某位科长及其他领导的恶劣行为以及工资分配不均等问题。然而他的本意被扭曲，他提出的问题也被上纲上线，导致谢为楫最后被错划为"右派"，遭受了各种各样的折磨。

"屋漏偏逢连夜雨"，冰心的儿子吴平也被划为"右派"。

冰心的丈夫、弟弟、儿子都在这场斗争中受到打击。人生的磨难也不过如此：给人希望之后，又是沉重的打击。那些冷冰冰的批判毫无情分可言，就像是一把把利剑，刺得人心痛。他们百口莫辩，尊严受到一次次打击，这让他们失望又悲痛。

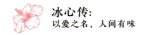

即便再心痛，冰心也依然是坚强的。她不断做家里人的思想工作，尤其是自己的丈夫吴文藻的工作。冰心深知，越是在这种时刻，自己越不能认输，不能倒下。

这时，周总理夫妇将冰心接到中南海西花厅，诚恳地鼓励她："这时最能帮助他（吴文藻）的人，只能是他最亲近的人了……"

总理夫妇的关心就像黑暗中的一缕光明，像一盏明灯一样照亮冰心的心。

1959年12月，吴文藻的"右派"帽子终于被摘掉。1979年，吴文藻划"右"的问题才得到复查的结论，被予以改正。

岁月沧桑朱颜改，没有改变的，是冰心对丈夫吴文藻的情谊。当苦难来临的时候，他们仍然并肩作战、共同面对，渡过一道又一道难关，在人生的起起伏伏中相依前行。

## 2 亚非交流

人生总是难以预料，苦难来临的时候，机会有时也会随之而来。1957年12月，在整风运动正掀起一波又一波高潮的时候，

## 第八章
### 十年浩劫,半生你我

冰心接到外事访问的任务。

中国访问团飞往埃及、叙利亚、开罗等地,与很多国外作家、画家交流文化和艺术。冰心在参观尼罗河时有感而发,创作了一首《向埃及人民致敬》。

> 尼罗河,用她坚强的手指
> 在沙漠地上,
> 写出一行行整齐碧绿的诗篇;
> 一根根矗立的枣椰树,
> 惊叹号似地,上指青天!
> 聪明的埃及人民,
> 在茶色的玫瑰丛中长大;
> 金色硕圆的柑橘,
> 发出一缕缕诱人的香甜。
> 勤劳的埃及人民,
> 千百年来,在皮鞭下,
> 为奴役他们的人们劳动,
> 百公里长的苏伊士运河,
> 把十二万人的青春断送;
> 地中海和红海的交流中,
> 泛滥着多少母亲的悲痛!

(《向埃及人民致敬》)

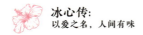

**冰心传：**
**以爱之名，人间有味**

　　冰心把深情的笔墨留给了埃及人民。访问团继而出访欧洲，他们来到意大利、伦敦、巴黎等地。冰心在牛津大学见到了曾经在燕京大学执教的吴世昌先生。

　　1958年10月，冰心与茅盾、巴金、周扬等人赴塔什干访问，参加亚非作家会议，促进亚非关系和平稳固地发展。冰心在此期间创作了一首赞美塔什干的诗歌。

　　　　飞过了千重水，万重山，
　　　　我们来到美丽的塔什干；
　　　　满街的林影里神话般灯彩辉煌，
　　　　清新的空气里浮动着玫瑰的芬芳；
　　　　……
　　　　如今我们再也不感到寂寞和孤单；
　　　　我们大家的墨汁像长江，笔杆像泰山；
　　　　丝绸大路上万众腾欢，
　　　　……
　　　　我们歌唱过万隆的光明，开罗的勇敢，
　　　　我们也要歌唱团结的塔什干，
　　　　美丽的塔什干！

　　　　　　　　　　　　　　　　　（《歌唱塔什干》）

## 第八章

十年浩劫，半生你我

塔什干是著名的古丝绸之路途中的一个美丽的城市。冰心在《塔什干的盛会》一文中写道：

> 我设想在塔什干大路的旁边，有几处山色围绕，浓阴如画的歇马凉亭，不时有头戴白巾、身穿长袍的人们，牵着一串一串的昂头徐步的骆驼，负载着珠宝、香料、围巾、地毯，在悠扬的铃铎声中，缓缓地从西方走来；对面车尘起处，又有一簇一簇的人马，拥着几辆大车，里面尽是些绸缎、茶叶、纸张、瓷器，他们在这中途的凉亭上相遇，合掌作揖，欢然道故。

冰心憧憬着塔什干过去的景象，字里行间表达了对塔什干深深的热爱。

1958年夏，冰心参加了十三陵水库落成典礼。1959年夏，参观了三门峡工程。她的社会活动和采访活动日益增多，同时期的作品也很多。1959年，正是中华人民共和国成立十周年，冰心在几位朋友的陪伴下，于当年国庆节期间，参观了青龙桥。冰心三十七年前曾经去过一次青龙桥，那里曾给她留下深刻的印象。如今青龙桥旧貌换新颜，冰心参观完后便创作了《再到青龙桥去》。

> 再到青龙桥，绝不是"寻梦"，因为从恶梦中挣扎醒来

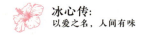
**冰心传:**
以爱之名，人间有味

的人，决不要去"寻"那把人压得喘不过气来的恶梦；同时也不是"访旧"，因为你去访的对象，是新的而不是旧的，是更年轻的而不是更老迈的。新酒不能装在旧皮袋里，还是打一个新比喻好一些：比方说你是去访问一个久病新愈的朋友，他是一天一天地健康起来；你是去看一丛新栽的小树，它们是年年地更加高大更加浓密的。你不准备去凄凉感旧、慷慨生哀地自寻烦恼，你是满怀着热烈的希望，去迎接那扑面的盈盈的喜气的！

虽然韶华不再，对未来的期待依然在。冰心的字里行间总是流露对未来的希望，充满活力。

1961年，冰心到东京参加亚非作家会议。大会结束后，中国作家和日本作家进行了亲切的交流。冰心与日本女作家三宅艳子、松冈洋子等进行了亲切的交谈。后来，三宅艳子访问中国，冰心陪同其参观访问。中国作家和日本作家的交流日益频繁，关系越来越融洽，因为大家都有一颗热爱和平的心。

1962年9月，冰心创作了一篇《海恋》，表达了她热爱的海不仅是"大连湾和广州湾"的海，更是与世界儿童共见的"自己的海"。

　　我爱了童年的"海"，是否就不爱大连湾和广州湾了呢？绝不是的。我长大了，海也扩大了，她们也还是我们自

第八章
十年浩劫，半生你我

己的海！至于日本海和地中海——当我见到参加反对美军基地运动的日本内滩的儿童、参加反抗英法侵略战争的阿联塞得港的儿童的时候，我拉着他们温热的小手，望着他们背后蔚蓝的大海，童年的海恋，怒潮似地涌上心头。多么可爱的日本和阿联的儿童，多么可爱的日本海和地中海呵！

半世风雨，心渐平静。经历过风浪的人总是能够看淡风雨，随遇而安。再大的困难也会成为过去，再好的青春也会渐行渐远。做好当下的每一件事，珍惜身边的每一个人，就是冰心此时最想做的事情。

## 3 身处困境

刚刚经历了"反右派斗争扩大化"的家庭还没有从苦闷中完全走出来，却又身陷到另一个困境之中。

1966年，"文化大革命"爆发。这一场文化浩劫持续了十年之久。红卫兵的行为由最初的"破四旧"，变成打人、抄家、砸物，国家的许多珍贵的典籍文物遭到破坏和毁灭，知识分子提出

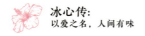
**冰心传：**
以爱之名，人间有味

抗议和不满，却被当成敌人来打击。

人们不敢相信这是真实发生的一幕，经历了残酷的战争而屹立不倒的中国人，如今却面临如此摧残。

"横扫一切牛鬼蛇神""破四旧"的口号四面响起，冰心知道吴文藻会是这场运动的重点打击对象，她自己主动联系作家协会，要求停发工资，并将自己的财物、出国访问时接受的礼物全部上交。

尽管如此，他们还是避免不了被抄家的厄运，冰心记录了这一段场景："下午三时，北京外国语学院毛泽东思想赤卫队第四分队队员十人左右，来家检查书籍中之不合符毛泽东思想者，还有其他违禁物品。最后带走了些文藻日记本，上有蒋介石照片者等等，并留下问题八条，贴了大字报等。"

纵然心痛，冰心及吴文藻还是以真诚的心积极改造。然而这一切中最可怕的，是百般折磨与侮辱。9月，红卫兵将在冰心家所抄的东西，包括冰心家的手表、纪念品，还有出国访问时的衣物、丝袜、照片都拿出来展览，当时还有从别家抄来的东西也都一起归到冰心名下。展览时，冰心身上挂着"资产阶级作家、司徒雷登的干女儿谢冰心"的牌子。那个满腔热血的奇女子如今要受这般大辱，那个曾经呕心沥血为祖国建设贡献自己力量的冰心，如今却像一个罪人一般。门口一张张狰狞的嘴脸，容不得她为自己申辩。

这天大的委屈将要向谁诉说！冰心选择沉默，在逆境中她没

## 第八章
### 十年浩劫，半生你我

有任何抱怨。

1966年8月18日，冰心被勒令到中国作家协会集训，当时作家们除了挨批斗之外，就是要干繁重的体力活，什么杂活累活他们都得干。冰心身体多病，也同样跟着大家一起干活。

1966年11月，冰心受到单独批斗，她被迫接受质问：在日本和哪些日本人有过来往？和他们都谈过什么话题？

家被抄，自己和亲人都被批斗，自己曾经引以为傲的作品被拿出来无情地批判……一个柔弱的女人只能忍受着这般心灵和思想上的暴虐！但冰心并没有一蹶不振，因为冰心仍然相信，终有一天会见到光明。

有一天，冰心和几个被批斗的作家挤在一张桌上吃饭，忽然听见有一个悦耳的童声喊她"奶奶"，原来是自己曾经采访过的孤儿小同庆。小同庆哭着说："谢奶奶，我想您。您不是坏人，您也别怕，您是好人！"冰心落了泪，在这煎熬的岁月中，小同庆的出现让冰心看到了希望，有信心在这黑夜中继续前行。

冰心拖着疲惫的身体，一边接受劳动改造，一边写材料交代问题。

而在此时，丈夫吴文藻的日子也不好过。"文化大革命"一开始，吴文藻就被中央民族学院列为重点批斗对象。冰心的三弟也没有逃出厄运，被拉出来批斗，一家人面临沉重的打击。

"文化大革命"给中国带来的损失和伤害是惨重的，像冰心

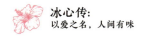

一样的仁人志士含冤受辱的事例比比皆是,他们有苦难言,有冤难申,"文革"将他们一次又一次地推向绝望的边缘,不知有多少人因为受不了如此沉重的打击而选择自杀。然而无论现在怎么样,冰心还是选择向前看,她说:"一个人只要热爱自己的祖国,有一颗爱国之心,就什么事情都能解决了,什么苦楚、什么冤屈都能受得了。"

# 4 五七干校

"文化大革命"中期,年过七旬的冰心已经是一位白发苍苍的老人,1970 年,她被下放到湖北咸宁的五七干校劳动,冰心由于年事已高,牙齿不好,临走之前还去口腔医院看了牙。

1969 年冬,吴文藻在北京石棉厂劳动,1970 年夏转到湖北沙洋的五七干校,与冰心重逢。

1970 年初,冰心到达湖北咸宁五七干校,后来又被调到沙洋的五七干校。在这一年多的时间里,冰心参加了种棉花、拾麦穗、修公路……和冰心一起接受改造的还有沈从文、张天翼、臧克家等文艺界名人。

## 第八章
### 十年浩劫，半生你我

冰心知道家人牵挂，写了致家里人的 28 封信，详细地描述了当时的生活。虽然非常艰苦，但是冰心始终保持乐观的状态。

**亲爱的家里人：**

到此后只接到 Daddy 和宗生的来信，不知大妹和小妹如何？其实湖北离江西很近，但我另寄信，话还不能说全，而且生活很紧张，没有工夫。

我的行李终于在 16 号晚上到达了，这次是刘德风同志押了许多东西来的，我的行李也在其中，一切完整，只是皮箱的把手，拉断了一个。现在许多东西已取出来了。昨晚已吃了炼乳，今早吃了肉松，不过这些东西未到之前，我也过得不错，路上带来的一盒梳打饼干，至今还未吃完。

我们现在的劳动是管菜地，加肥，挖地等等。整天在户外，屋里很挤也很冷。大家带的被褥都很厚，这里很湿，很潮，稍一天晴就晒被窝，夜里躺下去是冷冰冰的。我晚上盖三床被也不觉得热。现在自己东西到了，公家的两床被和同屋的人一床被一床褥都还了。我想北京家里的棉花票不知是否有五斤否？棉花票如有四斤或五斤（我记得我的补助，两次已有两斤。）请即寄来。寄来这里可以换成本地棉花票。四斤的可以买四斤棉絮，如有五斤票可以买六斤的棉絮，如此类推，那我可以把现在的棉被絮，换下来做褥子，我的上下都太薄了。

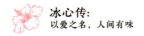

**冰心传：**
以爱之名，人间有味

　　到此后感想很多。今天是大礼拜（每两星期有一整天休息），大家都在洗衣等，我因昨天整天在菜地弯腰，又理行李床铺等有点累，并且要到四五里外河边挑水或提水，我也不好意思让别人去，因为大家都忙自己的。我认好离家最近的"水井"，以后有空我单独去洗。有自来水或有水井处真不知农民生活的紧张。我们这屋，或说这班，为贫下中农做事有替他们挑水一项，女同志也轮流每天一挑。我和张兆和因岁数大些，只搞环境卫生，替房东扫地，每天一起来先扫。7-8时天天读，9时上工，中间休息一次，12时下班，下午1时半又上班，中间休息，5时半下班。吃晚饭。不劳动的日子，就只吃两顿（9时，4时）。星期也如此。……

　　我在此总算不错，没有着过凉，就是累也是睡一夜就好了。饮食也没成大问题。……我要努力以赴，向同志们学习、向贫下中农学习，生命从70岁开始，就让它好好开始磨炼吧。

　　今天星期，料想钢钢在家，一个人闷些吧？山山、江江也都在家，我想大妹那边，一定和这边差不多，一定是大洗大搞，丹丹和农民孩子一样在外面跑，他倒是开始的早，对他有好处的。真是想你们。……

娘<br/>一月十八日 ［1970年］

## 第八章
### 十年浩劫，半生你我

　　不抱怨，不放弃，仿佛这是刻在冰心骨子里的品格。与其说她是在叙述苦难，不如说她是在寻求战胜苦难的办法。

　　冰心因为治牙的关系还认识了同在接受改造的郭小川，郭小川对冰心十分照顾，让冰心非常感动。可惜后来郭小川死于意外。那个时候每个人都自身难保，能帮助自己一把，已经非常难得，郭小川的死让冰心很遗憾。

　　当冰心得知自己将被调往湖北沙洋五七干校与吴文藻重聚时，她感到十分庆幸快慰。虽然环境艰苦，但是能和自己的丈夫共患难，眼前的困难便都不算什么！冰心收拾好东西，立即启程。

　　冰心先辗转回到了北京，几乎未作停留便赶到沙洋干校。因为特殊照顾，冰心和吴文藻虽分住在简陋的平房内，但两处靠得很近。条件虽然不好，但是两人已经非常知足。

　　即使面对人生的考验，夫妻也能在一起，这样彼此才能有个依靠，内心才能更加有力量。

　　这时正赶上秋收，冰心对于农活也是驾轻就熟了。后来，冰心和吴文藻被编排到五连二班，主要参与种植棉花。冰心经历了棉花的整个生长过程。忙碌于田间地头，享受着生长的喜悦，她忘记了浑身的疲乏，不停地劳作。她非常激动，望着广阔的棉田诗兴大发，特意做了一首宝塔诗歌颂这棉田的景象。

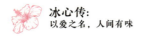
**冰心传:**
以爱之名,人间有味

> 看
> 棉田
> 绿茵茵
> 一望无边
> 长势喜煞人
> 多施肥勤打药
> 整枝打叶又打尖

生活虽然十分艰苦,但是冰心内心是充盈舒坦的。冰心的欣喜之情在小诗中体现得淋漓尽致,她不诉苦,不言累。后来,冰心当了文化室的管理员。她每晚都按时开门,把文化室搞得井井有条,有声有色。冰心的精神世界的巨大力量支撑着她前进,即便现实条件再艰苦,她都能一一克服。

冰心直率、坦然、勇敢,在他人的眼中,冰心也是一位与众不同、令人尊敬的老人。

当时她在中转站遇到曾经的旧识王宏纬同志,王宏纬将这一段与冰心相遇的经历记录了下来。

> 1969年秋,我到湖北咸宁向阳湖干校不久,由于患病须经常到医院打针,蒙连队和干校领导的照顾,被调到干校驻咸宁中转站工作。

## 第八章
### 十年浩劫，半生你我

一天，我正在忙一些杂务，忽然听见外面人声嘈杂，心想这可能是又一批学员来了，走出屋一看，果然不出所料。接着，在熙熙攘攘的人群中，出现了一位熟悉的女性老者的身影：她就是冰心老人。

"文革"开始后，冰心老人也被冲进了作协机关的"牛棚"，挨过批斗，但在当年作协机关大举南迁，要到向阳湖落户时，她没有同行。我当时想，这也许由于她是少数最有影响的党外老作家之一的缘故。冰心老人当时已年届古稀，身体瘦弱，任何见过她的人，都会感到她是那样弱不禁风，何况她又没有在作协担任过任何实际职务。但是，今天她还是来了。

冰心老人也看到了我。她静静地站在那里，一双眼睛依然和多年前我在接待外宾工作中初次见到她时那样明亮，神态也总是那样安详。她向我谈论着旅途的见闻和遇到的种种不便，既无不满之情，也无抱怨之意，娓娓动听，仿佛在讲述别人的故事。考虑到她旅途劳累，我不好意思让她长时间讲下去，便安排她到招待所暂歇。

不一会，中转站有一辆车要开往向阳湖，我急忙到招待所请冰心老人上车。这时，我发现有几个当地的女青年，将她团团围在桌边不知干什么。我催促着，她边走边笑着说，那几个姑娘要我帮她们填几张表格，我照办了，临了她们还

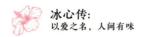

冰心传：
以爱之名，人间有味

夸奖说："这老太太的字真写得不错呢！"我会心地笑了。她朝向阳湖疾驰而去，带着一脸幽默。

  大约过了一两个月，没想到冰心老人在一天上午，忽然又出现在中转站。听说是周总理指示，要调她回京。我送她上火车，发现她并不显得特别高兴或兴奋。在这次见面过程中，冰心老人并没有多说话，那双眼睛依然是那么明亮，态度还是那样安详。到了车站，她想一件小事要我帮忙："你能不能帮我买两个面包？"这时，我才发现她满嘴的牙全没了，也不知道在连队这些日子是怎么过来的。我立即到街上寻觅，走遍了咸宁县城关唯一一条大街的所有食品店，还是一无所获——现在有些年轻人可能不太理解，当时的市场供应就是这个样子。我急忙回宿舍把前一天买的两个面包取来，送给了冰心老人。尽管已不太新鲜，老人家还是欣然接受了。在我告别时，她要将怀里的一个黄橙橙的柑橘送给我。柑橘在那时也是不可多得的东西，我觉得这应当留给她，但她的眼神告诉我：接受要远比拒绝为好。

  冰心老人缓缓地北上而去了。我长时间地凝视着她远去的方向，伫立在那里。直到今天，那个黄橙橙的柑橘仍然留在我的记忆里。

（《邂逅冰心》）

## 第八章
### 十年浩劫，半生你我

作家丁宁的笔下曾有关于冰心的记载。

> 冰心老人来得晚些，也被派到菜地，干活认真细致。一个菜叶也不肯丢，衣服总保持洁洁净净。有一次在菜地我到她跟前说："休息一下吧。"她微微伸伸腰，说："多么广阔的世界，比咱们那个小小'沙笼'好得多呢。"冰心爱大自然，她告诉我这里山上桂树很多，花开时香飘十里。她说，这儿与芙蓉国毗邻，荷花也多呢。大约她从未去欣赏过。
>
> （《忆向阳湖》）

冰心对大自然的热爱一生未曾减少，即便是在如此艰难的环境之下，她仍然保持一颗发现美的心。冰心的爱就像大自然的爱，广博宽容，没有一丁点杂质，是那样美好与从容。

只要心向着光的地方，苦难总有一天会结束。1971年，干校宣布返京名单，冰心和吴文藻都在其中，他们终于踏上归京的火车，干校所有的记忆被她小心翼翼地放在心底。

冰心内心有说不清的滋味。生活本就是这样充满波折和挑战，收拾好行囊，生活还将继续。

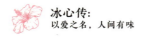

## 5 云开月明

无论经历怎样的风云变幻,冰心都相信守得云开见月明。总会有一天,所有失去的会以另一种方式回归。

冰心和吴文藻都回到了北京,共同被抽调回来的还有费孝通等人。他们之所以可以提前从干校返回北京,是因为美国总统尼克松访华,需要他们这些知识分子负责尼克松的自传《六次危机》前两章的翻译工作。接着冰心又参与翻译了《世界史》《世界史纲》。

那时中国作家协会还没有恢复,我很高兴地参加了这本巨著的翻译工作,从攻读原文和参考书籍里,我得到了不少学问和知识。那几年我们的翻译工作,是十年动乱的岁月中,最宁静、最惬意的日子!我们都在民院研究室的三楼,伏案疾书,我和文藻的书桌是相对的,其余的人都在我们隔壁或旁边。文藻和我每天早起八点到办公室,十二时回家午饭,饭后二时又回到办公室,下午六时才回家。那时我们的

# 第八章
## 十年浩劫，半生你我

生活"规律"极了，大家都感到安定而没有虚度了光阴！现在回想起来，也亏得那时是"百举俱废"的时期，否则把我们这几个后来都是很忙的人召集在一起，来翻译这一部洋洋数百万言的大书，也不是一件容易的事。

（《我的老伴——吴文藻》）

回归的生活是充实的，冰心仍然保持着严谨、认真的生活和工作态度。她与吴文藻、费孝通等人全力完成了党和政府交给他们的翻译任务。

她的内心经历了风雨，但是仍然有一颗火热的心。从干校回来之后，冰心成为中央民族学院的一员，她喜欢和朝气蓬勃的年轻人在一起，创作了诗歌《"因为我们还年轻"》。

昨天有一位年轻人来看我，
把他的新诗念给我听。
第一首诗的题目是：
《因为我们还年轻》。
这个题目引起了我的诗情——
我看着他热情的年轻的脸，
我轻轻地跟着他念，
"因为我们还年轻"。

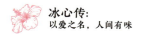

**冰心传:**
以爱之名，人间有味

……
"我年轻的时候就没有年轻过！
那时，围绕着我的是：
连天的帝国主义的烽火，
遍地的封建主义的妖魔，
白骨堆成山，血泪淌成河；
国耻纪念比节日还多，
这就是我年轻时候的中国！
……
"因此，年轻人，
你是早晨八九点钟的太阳，
我也不是那金色的黄昏。
……"

（《"因为我们还年轻"》）

　　冰心年轻的心态吸引了很多年轻的大学生，她像一本读不完的书，包含着无穷无尽的故事；她又像一条奔流不息的河，思想中不断激荡出美丽的浪花，影响着每一个欣赏她的人。
　　中央民族学院的大学生来自各个民族，冰心经常与他们进行交谈，她乐于和这些年轻人在一起交流，听他们的想法、他们的故事。

## 第八章
### 十年浩劫，半生你我

　　守得云开见月明，冰心的生活回归正轨，各项工作也相继而来。1972年，冰心恢复了外事工作，比如接待各国外宾。冰心在《樱花和友谊》中描写了自己对中国与日本邦交正常化的喜悦："二十多年来，我们在风里雨里、冰里雪里，并肩携手一砖一石地铺出了这条中日邦交正常化的道路。"

　　1972年，在人民大会堂接待外宾访问团时，冰心再次见到了周恩来总理。总理亲切地问候了冰心并对她说："冰心同志，你我年纪都不小了，对党对人民就只能是'鞠躬尽瘁'这四个字啊！"此时周总理已经疾病缠身，还是坚守在工作岗位上，令冰心深为感动。周恩来总理像"老大哥"一样，十分关心冰心的工作和生活。

　　1975年1月13日，冰心参加第四届全国人民代表大会第一次会议，继续当选为全国人大代表，这次又见到了尊敬的周恩来总理。周总理的身体每况愈下，但还是微笑着问候了冰心，叮嘱她要好好保重。

　　1976年，噩耗相继袭来：中国三位伟人相继逝世、唐山大地震等。也是在这一年，十年浩劫结束了。

　　冰心在广播里听到周恩来总理在北京逝世的消息后十分悲痛。这个消息对于冰心来说是一个巨大的打击，周总理的音容笑貌仿佛就在昨天！冰心参加了周恩来总理的遗体告别会和追悼会，她心痛无比，叹恨岁月的无情。

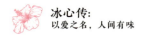

**冰心传:**
以爱之名，人间有味

　　冰心把一张总理的照片裱起来，挂在客厅中，下面摆放了香炉和鲜花，以此来缅怀和纪念敬爱的总理。总理笑容慈祥，就像没有离开过一样。后来，这张照片被一位艺术系友人画成一幅画，挂在冰心的客厅内，冰心时时刻刻可以看到总理一直和鲜花相伴！

　　冰心无比怀念周总理，在人生最艰难的时刻，是周总理和邓颖超大姐为她点亮一盏心灯，让她有勇气坚持下去。而今自己再也见不到敬爱的总理，他的音容笑貌冰心将永远铭记于心！

　　紧接着，朱德委员长与世长辞，毛泽东主席逝世。祖国大地被悲伤的气氛所笼罩，全国人民群众都沉浸在悲伤之中。

　　1976 年 10 月，以江青为首的"四人帮"被粉碎，文化大革命这一历史性灾难终于结束。后来，冰心在《人民日报》上发表评论。

　　　　我们坐在这儿，控诉和批判"四人帮"炮制的"文艺黑线专政"论，我不由得想起这些年来受到"四人帮"残酷迫害的老同志、老朋友，想起老舍、郭小川、侯金镜、马可、孙维世这些同志。他们已经不在人世，不能同我们一起揭发、批判"四人帮"搞的"文艺黑线专政"论的罪行了。……党中央一举粉碎"四人帮"，我们文艺工作者得到了第二次解放……我要拿出革命加拼命的劲头，加倍地努力，刻

## 第八章
### 十年浩劫，半生你我

苦地工作，为繁荣社会主义的文艺创作贡献自己的力量！

(《对"文艺黑线专政"论的流毒不可低估》)

在文化大革命中，无数知识分子遭到迫害，冰心为这些人深感惋惜。如今"四人帮"终于被打倒，"文艺黑线专政"被推翻，知识分子洗清了冤屈，冰心鼓励大家重整旗鼓，为社会主义建设继续贡献力量！

在无数个开始和结束之间，人们要面临的总是太多。晚年的冰心早已经将岁月的沧桑埋藏于心，所有喜悦和痛苦，都流动在她的笔下。

第九章

菁华浮梦，柳暗花明

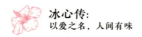
冰心传：
以爱之名，人间有味

# 1 夕阳无限

人到老年，最难以接受的就是昨天还和你谈笑风生的人，今天却将要长眠于地下。面临生离死别，任何人都是脆弱的。

冰心一生中交到了很多志同道合的朋友，这些人不但在文学上和她有共同的追求，在生活、工作上，很多人也对她伸出过援助之手。生命有终结，但是再真挚的感情却不会因为生命的终结而终结。

1980年，年迈的冰心患上脑血栓，住进了北京医院，而在这时，她的好友林巧稚脑病恶化，将不久于人世。1981年，茅盾在北京逝世，冰心和茅盾有着几十年的交情，听到这个消息，她万分悲痛。

朋友逐渐离去，冰心也老了。

冰心虽然上了年纪，晚年却显出返老还童的状态：她慈眉善目，眼睛里始终闪烁着光芒，始终保持着一颗童心，精神抖擞。冰心热爱自然、喜欢小动物，到了老年也没有改变。她还养了一只猫，这只小猫活泼可爱，给冰心的生活带来了无限的乐趣，冰

## 第九章
菁华浮梦，柳暗花明

心给它取名为"咪咪"。冰心常抱着咪咪，给它喂食，像对待小孩子一样对待咪咪。咪咪淘气，冰心就笑着看着，咪咪生病，她便着急地去找兽医。自从有了咪咪以后，冰心的每张照片里几乎都有这只小猫的身影。女儿吴冰还曾开玩笑说这只猫在家中的地位是"一等公民"。

有一次，咪咪走丢了，冰心急得茶饭不思。后来女儿吴青找到了咪咪，爱猫失而复得，冰心竟然哭了起来。冰心还特地创作《明子和咪子》《漫谈赏花和玩猫》《我家的咪咪不是波斯猫》等文章，以表达自己对咪咪的喜爱。

冰心对周围的一切都充满了爱，也更加珍惜身边的朋友。冰心和叶圣陶的友谊保持了很久，叶圣陶九十岁大寿时，冰心写了《贺叶巴两位》，因为当时巴金也已经八十岁了。

> 叶老是一个十分关怀后辈的人。我和叶老认识以后，还没有到他家去拜谒过，因为：一来在公共场合常常会看到他，二来我怕登门拜访，会影响他的休息。但在前年春天，我因病住院时，叶老跑到医院来看我，正巧我已经出院回家，叶老又同至善同志到西郊我家里来看我。
>
> ……叶老又是一位十分谦和的老人，每逢我赠送他一本书或一封信的时候，他必定亲自作复。
>
> （《贺叶巴两位》）

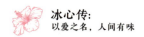

**冰心传：**
以爱之名，人间有味

叶圣陶不仅是冰心的好友，也是冰心忠实的读者。1983 年 6 月，冰心将《冰心散文选》送给叶老，叶老非常高兴，为冰心做了一首诗：

爱诵冰心作，今逾六十年。
嘉庐初识面，京市每联肩。
书出必相赠，目昏只自怜。
悉存签名本，念此始欣然。

冰心在写作方面享有盛名，但是为人低调。她的住处十分简单，为了照顾身体不好的父母，女儿吴青搬来和父母一起住在和平楼里一间 60 多平方米的小公寓里。

1983 年底，冰心和吴文藻搬到了教授楼里宽敞的新居，冰心高兴地给朋友打电话，邀朋友来看看。

冰心的新家，简单而温暖。卧房的墙上挂着周总理的照片，沙发后的墙上挂着吴作人画的一幅熊猫图，还有两句磅礴大气的诗：

世事沧桑心事定
胸中海岳梦中飞

## 第九章
菁华浮梦,柳暗花明

这是 1925 年梁启超为冰心题写的龚自珍的诗句。

冰心不仅在文学上有很高的造诣,在教育事业上也是一生呕心沥血。她鼓励教师要终身从事教育事业,为国家培育栋梁之材。1985 年,冰心得知第六届全国人大常务委员会第九次会议通过了关于教师节的议案,非常高兴,后来写了一篇《希望一年三百六十五天都尊师》,用以表达对教育事业的尊敬和热爱。冰心在这篇文章中的最后一段写道:

> 教师节到了,这是我们新中国的第一个教师节,我很高兴,人民终于觉悟了,知道了尊重教师的必要。我希望全国人民都来尊师,不仅仅是学生才尊师,希望不要仅仅在教师节这一天才尊师,要一年三百六十五天都尊师,把今年的教师节作为天天尊师、人人尊师的开始。
>
> (《希望一年三百六十五天都尊师》)

教师节的通过是我国教育事业的一大历史性进步,而《中华人民共和国义务教育法》的通过使冰心对教育事业有了更大的的信心,冰心在采访中表示:

> 这部法规是我们这一辈知识分子盼望已久的。中国有句古话:"民以邦为本,本固邦宁。""邦"就是国家。民之国

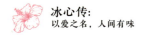

冰心传：
以爱之名，人间有味

固，与基础教育有很大关系。老百姓在解决温饱问题之后，还是必须学文化，有了文化，物质文明又能大幅度进步，这是相辅相成的。……提起日本，我感慨就很多……日本科技之发达，就在于非常重视基础教育。

冰心和吴文藻对教育事业倾注了无限热情，吴文藻老年患了脑血栓，在医院的病床上，仍然认真地审阅中央民族学院研究生的论文。直到生命的终结，吴文藻都将自己奉献给了学术和教育事业。吴文藻在遗嘱中说，不要葬礼，不开追悼会，火葬后骨灰投海。1985年7月，吴文藻在北京医院去世。

吴文藻的遗愿中还有一条，就是将自己省吃俭用攒下来的3万元，全部捐给中央民族学院，作为人类学、社会学系研究生的奖学金。吴文藻将一生奉献给了学术研究，为社会学研究做出了突出贡献。无论是老友还是他的学子，都对他的逝世感到无比惋惜和痛心。

老年夫妻，总会有一个人先走。这辈子的情没有结束，下辈子我和你还要相遇。冰心和吴文藻一生温情，一世恩爱，像风筝和线，无论在哪里，始终都紧紧相连。两人相识、相知、相爱，相互扶持一生。吴文藻虽然是个不浪漫的男人，却一生爱护妻子，给了冰心一个平凡、温暖而幸福的家。

第九章
菁华浮梦,柳暗花明

## 2 晚来翰墨

人生几度春秋,回望过眼云烟,满是往事在心头。冰心走过了人生的春夏秋冬,走过了无数的四季轮回,她的眼中、心中装满了故事。这些故事最后都变成涓涓细流,在她笔尖流出。

虽然已经步入人生的"夕阳红",冰心的创作却再度花开,佳作不断。在周恩来总理逝世一周年时,冰心写下《永远活在我们心中的周总理》,用以表达对周总理深切的怀念之情。后来又创作了《我站在毛主席纪念堂前》等怀念伟人的文章,寄托自己深深的哀思和怀念。

冰心晚年的作品主要集中在儿童文学和对往事的追忆,冰心这一生的经历让她有诉说不完的故事。她喜欢孩子,经常和孩子们在一起交流,孩子们也喜欢慈祥可爱的冰心奶奶。冰心鼓励他们好好学习,将来为祖国做贡献。

冰心从"五四"写到了"四五",写了许多具有纪念意义的文章《追念罗莘田先生》《腊八粥》《追念闻一多先生》等,把值得记录和纪念的事情都变成文字,以影响后世更多的人。

冰心这几十年的回忆,如开了闸的洪水一样,在她笔下倾泻而出。她撰写了《我的故乡》《我的童年》,给广大读者描写自

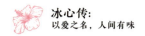

冰心传：
以爱之名，人间有味

已生活过的地方，人们仿佛跟着冰心回到了生她养她的地方。冰心还创作了《我的大学生涯》《在美留学的三年》《我回国后的头三年》，描写她漫漫求学路上的欢声笑语及年轻时的故事。她的文字生动、优美、鲜活、深刻，读来亲切可感。

好作品一直是作家最光彩的名片，年轻的冰心创作过《关于女人》的一系列文章，写了关于母亲、奶娘、弟媳等一系列女人的故事，受到广大女性读者的喜爱。1984年，冰心开始创作一组"关于男人"的散文作品。顾名思义，这次写的是男人们的故事，这也成了《关于女人》的姊妹篇。"关于男人"系列包括《我的祖父》《我的父亲》《我的小舅舅》《我的表兄们》《我的三个弟弟》《一位最可爱可佩的作家》等文章。

冰心像一颗温润的玉石，随着时间的冲刷越发明亮。1980年，冰心的短篇小说《空巢》获得优秀短篇奖。《空巢》讲述了大学同学老梁和老陈的故事。老梁来到美国，在异国他乡努力奋斗，待后代成家立业，妻子已经去世，只留老梁一人，孤苦人间。与老梁不同的是，老陈留在了北京，虽经历了种种磨难和斗争，老陈却坚信未来光明。政策落实之后，老陈虽然已经到了退休的年纪，却开始忙碌了起来，生活充实而快乐。

冰心延续了曾经问题小说的写作方式，用对比写作的手法，通过描写家庭问题从而反映社会问题，也反映祖国不断发展、日益繁盛的景象。

## 第九章
菁华浮梦，柳暗花明

后来，冰心创作的《桥》《远来的和尚……》《落价》《干涉》等作品都反映了当时的家庭问题，寓意深刻。冰心才思敏捷，佳作接连不断，在文坛中留下深深的足迹。

《落价》讲述的是一个普通的小保姆和主人的命运发生变化的故事。小保姆变得暴富，而原来的主人却越来越清贫。"现在人人都在说，一切东西都在天天涨价，只有两样东西落价，一样是'破烂'，一样是知识……"冰心通过小保姆和主人生活变化的对比，揭露了知识分子的现状，反映人们价值观的扭曲。

冰心总是能用最生动的故事准确表达她想要表达的主题。她的每个故事都能说明一个道理，这些作品基本上都是透过问题反映本质，故事读起来通俗易懂，却寓意深刻。

短篇小说《干涉》写的是一位男教授在夫人病逝多年以后与同样独居的女教授志趣相投，却碍于女儿的干涉，埋葬了这段感情的故事。冰心揭露并讽刺了男教授女儿自私、忽视老人情感的事实，同时也呼吁当代年轻人关注老年人的情感生活，不要让他们孤独终老。

1988年，"冰心文学创作生涯七十年展览"在北京图书馆举办。风雨七十年，巨笔已如椽，展会得到社会各界的高度重视。展会贴满了冰心各个时期的珍贵照片，还展出了她的手稿、奖状、奖杯等。冰心已经成为文坛上一个时代的榜样，她为后人留下了一笔无价的精神财富。

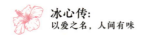

**冰心传:**
以爱之名,人间有味

中国作家协会的领导在这次展览会上致辞道:"冰心七十年漫长的创作生涯,比我们在座的许多同志的年龄还要长。回想我们从事文学工作时,谁没有读过她的作品,谁没有受过她的教诲和熏陶,谁又没有为她博大宽厚的心胸和冰清玉洁的情操所吸引呢?甚至在她80岁时,她还以小说《空巢》震撼文坛,帮助我们理解人生的真谛。"

冰心对于文坛的无数后辈作家来说,是亦师亦友的存在。她的作品和人格都令人赞颂、钦佩。冰心和年轻人谈文学的时候,曾语重心长地对无数有着作家梦想的年轻人说:

据我自己的知识和经验,一个人不能因为要成为一个作家才勉强写作的。他或她必须对生活中所接触的事物,有满腔按捺不住的意见和情感,非发泄不可的时候,才拿起笔来,用自己熟悉的语文,说出自己的真情实感,直到写出的文字能够得到读者普遍的同情和共鸣以后,人们才承认你是一个作家。

我记得巴金爷爷曾说过:"好的作品把我的思想引到高的境界;艺术的魅力使我精神振奋;……一直到死,人都需要光和热。"

(《给当代青少年的信》)

## 第九章
### 菁华浮梦，柳暗花明

  冰心用最朴实的语言说出了写作的初衷——只有心中有文，才能赋之于笔。不能为了写作而写作，不能无病呻吟，更不能写无关痛痒的文字内容。只有写自己的真实感情，才能引起读者的共鸣，这是成为一个作家的先决条件。冰心的文学之路一路繁盛，也是因为她有一颗干净而美好的灵魂，一份执着而真诚的热情。

  冰心曾在《关于散文》中谈道：

>   散文又是短小自由，拈得起放得下的最方便最锋利的文学形式，最适宜于我们这个光彩辉煌的跃进时代。排山倒海而来的建设事业和生龙活虎般的人物形象，像一声巨雷一闪明电在你耳边眼前炫耀地隆隆地迅速过去了，若不在情感涌溢之顷，迅速把它抓回，按在纸上，它就永远消逝得无处追寻。……
> 
>   文章写到有了风格，必须是作者自己对于他所描述的人、物、情、景，有着浓厚真挚的情感，他的抑制不住冲口而出的，不是人云亦云东抄西袭的语言，乃是代表他自己的情感的独特的语言。这语言乃是他从多读书、善融化得来的鲜明、生动、有力甚至有音乐性的语言。
> 
> （《关于散文》）

  人们总以为写作是靠天赋，从冰心的文字中我们看到了情

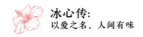

感、思考和积累的重要性,无数人读了冰心的作品,对写作有了新的认识。

在冰心的身上,无数年轻人学到了爱,爱大自然,爱别人,爱一切事物。关于友谊,关于亲情,关于理想……冰心的作品好像一个能量的源泉,涌流出无穷的力量,让我们的内心不断强大。

## 3 老骥伏枥

"老骥伏枥,志在千里,烈士暮年,壮心不已。"冰心具有人心不老,梦想不老,行动不老的不老精神。年龄和岁月没有让她低头服输,她反而更加精力充沛地面对自己的老年生活。

1980年10月5日,正值冰心的八十岁大寿,亲朋好友纷纷来为正在住院的冰心老人祝寿,冰心非常高兴,笑得合不拢嘴。"福与天地同在,寿与日月同辉""增福增寿增富贵,添光添彩添吉祥",各种吉祥的祝福声纷至沓来。

为了博取老寿星的欢心,大家准备的礼物也都是花样百出、别出心裁。

《儿童文学》编辑部送来一份很特别的礼物——一幅祝寿

## 第九章
### 菁华浮梦，柳暗花明

图，画的是一个小胖娃娃穿着红肚兜，憨态可掬，栩栩如生。小胖娃娃手里还捧着一个诱人的桃子，那样子甚是可爱，冰心看了笑得合不拢嘴。

冰心虽然身体不如从前，但是精神状态依然很好。她拿起笔，创作了《生命从八十岁开始》。

> 我病后有许多老朋友来信，又是安慰，又是责难，说："你以后千万不能再不服老了！"所以，我在复一位朋友的信里说："孔子说他常觉得'不知老之将至'，我是'无知'到了不知老之将至的地步！"
>
> 　　这无知要感谢我的千千万万的小读者！自从我二十三岁起写《寄小读者》以来，断断续续地写了将近六十年。正是许多小读者们读《寄小读者》后的来信，这热情的回响，使我永远觉得年轻！
>
> ……我希望在一九八一年我完全康复之后，再努力给小朋友们写些东西。西谚云："生命从四十岁开始"。我想从一九八一年起，病好后再好好练习写字，练习走路。"生命从八十岁开始"，努力和小朋友们一同前进！
>
> （《生命从八十岁开始》）

步入八十，很多人会觉得这是生命即将结束的标志，然而冰

211

**冰心传：**
**以爱之名，人间有味**

心老人的"生命从八十岁开始"这句话让人动容。冰心那颗炽热的心仍然像年轻人一般，那向往爱与美好的灵魂，始终都在感染着他人。有人说"黑发不知勤学早，白首方悔读书迟"，但是也有人说"迟做总比不做强"。只要心还在跳动，只要灵魂还炽热，就应当永远保持一颗年轻的心，继续拼搏向前！

不论在哪个年龄段，冰心都有自己独特的风采：小时候聪慧机敏，惹人喜爱；年轻时意气风发，令人振奋；中年时温厚贤良，使人钦佩；老年时慈祥和善，令人尊敬。她的一生都受人喜爱和尊重。

党中央对冰心老人这位重量级老人非常重视。冰心九十岁大寿时，中央政治局委员，国务委员兼国家教委会主任、党组书记李铁映来探望冰心，慰问了冰心老人。冰心还不忘借此机会向李铁映反映一些教育方面的问题："从周总理到邓小平同志都强调'教育是立国之本'，是国家兴旺发达的基石……一个国家，一个民族如果不尊重知识，不尊重人才，不重视和发展教育，就没有前途；教育的落后必然是愚昧，而愚昧才是贫穷的根源。"

前来贺寿的文学界老友纷纷送上美好的祝福，冰心非常高兴。冰心收到的寿礼不在少数，收到的祝福更是如雪花般纷飞而来。其中作家萧乾和诗人李小雨都送了寿星摆件，但是他们都没买到女寿星，只能送寿翁——当时市场没有女寿星的摆件出售。

冰心因此写了一篇《市场上买不到一尊女寿星》来表明她对男女平等问题的看法。冰心擅于从生活中的小事情发现隐藏在现象之后的问题。

## 第九章
### 菁华浮梦,柳暗花明

恰好,这篇文章被景德镇高级陶艺美术师张正海看到,张正海心思巧妙,看到这篇文章感慨万千,于是为冰心精心设计了一款女寿星瓷雕,还为冰心设计了一个"冰心玉壶"。

冰心收到这个礼物非常惊喜,也非常喜爱。她马上写了一篇《我得到了中国第一尊女寿星》的文章,仔细地描写了女寿星瓷雕的风采。

冰心老人在病中仍然坚持创作,思想仍然闪耀着动人的光辉,她在《病榻呓语》写道:

> 宇宙内的万物,都是无情的:日月经天,江河行地,春往秋来,花开花落,都是遵循着大自然的规律。只在世界上有了人——万物之灵的人,才会拿自己的感情,赋予在无情的万物身上!什么"感时花溅泪,恨别鸟惊心"这种句子,古今中外,不知有千千万万。总之,只因有了有思想、有情感的人,便有了悲欢离合,便有了"战争与和平",便有了"爱和死是永恒的主题"。
>
> ……
>
> 我从高烧中醒了过来,睁开眼看到了床边守护着我的亲人的宽慰欢喜的笑脸。侧过头来看见了床边桌上摆着许多瓶花:玫瑰、菊花、仙客来、马蹄莲……旁边还堆着许多的慰问的信……我又落进了爱和花的世界——这世界上还是有人类才好!
>
> (《病榻呓语》)

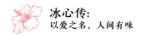

冰心把一生的感情付诸文字，文字贯穿了她的一生，爱则贯穿了她的文字。她的文字里，有笑，有泪，有苦，有甜，有无奈，有坚强，最重要的是，有始终对未来的希望。人们看到变化的冰心，变化的社会，变化的世界和不变的爱，从她的文字中，人们能不断攫取能量，认识新的自己。

# 4 一片冰心

冰心一生不仅创作出大量优秀的文学作品，在与各个国家和地区的文化交流方面也有一定的贡献。她当选过人民代表大会代表，也多次随团出访各个国家和地区，开展文化交流活动。

1989年，台湾报刊向冰心约稿，冰心虽年事已高，身体欠佳，但仍欣然应允。冰心怀着真挚的感情写下了《寄给台湾笔会的文友们》。

> 让我们在海岸两边一同拿起手中的如椽大笔，写出真挚深刻的文艺作品，来提醒和引导海峡两岸的十二亿同胞一同伸出爱国热情的双手，愈伸愈长，愈伸愈远，直到把九百六十万平方公里河山连成一片。

## 第九章
菁华浮梦,柳暗花明

冰心也十分关注民主促进会的发展。1988年,中国民主促进会第六次全国代表大会第三次会议推选冰心为民进中央名誉主席。冰心感到非常荣幸,在接受记者采访的时候,她说道:

> 民主党派要同共产党肝胆相照,荣辱与共。同时,还要敢于民主监督。民主党派不光是中共一号召,就举手同意,要认真、负责地对中共和政府的某些腐败现象进行批评、监督,真正地发挥民主党派的作用……民进有良好的传统,就是注重教育。民进的成员大都是教育、出版、文化界的知识分子,希望他们为发展中国的教育、文化事业多做贡献。

冰心对民进中央提出了自己的希冀,也简明扼要地阐述了自己的立场和观念。她在给民进中央主办的刊物《民主》创刊时的祝贺词中写道:

> 民主拿通俗话来说,就是人民大众都有议论国家大小事务的权力,但是人民必须对于国家的大小事务,都听得见,看得见,才能有正确发表意见的可能。……我认为,对整个国家来说,透明度越高,凝聚力就越大,这样才能万众一心地把国家搞得繁荣昌盛起来!

1997年,冰心老人看到香港回到祖国的怀抱,她激动地流下了热泪,她从心里为祖国感到骄傲和自豪。"香港回归,我心

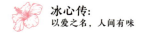

**冰心传：**
**以爱之名，人间有味**

痛快"，冰心写下了这几个大字以表示自己激动愉悦的心情。

冰心是幸运的，她历经五四运动与新中国的成立，走过"文化大革命"的风雨，还能像树一样屹立不倒，最终亲眼见证香港回归祖国。

冰心鼓励年轻人要有爱国热情，不论是团员还是党员，要时刻牢记身上的责任和使命，勇往直前。冰心接受了很多次采访，每次她都会动情地表达自己内心真实的想法。冰心提倡重视科学教育，鼓励年轻人多学习、多研究，用实际行动和踏实的学识来报效祖国。

文化的先驱，文学的巨匠，冰心的"一片冰心"播撒出无限爱的光芒。面对她的才能和品格，人们无不肃然起敬。

第十章

浮生悠悠,清风依旧

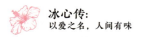

# 1 文坛泰斗

福建省是冰心老人的老家,福建以此为荣。福建省文联想要成立冰心研究会,并将这个想法告诉了冰心,但是不出所料,这个想法遭到了老人的反对。冰心老人说自己只是一个平凡的人,这样大张旗鼓,过于张扬,而且会遭到后人诟病。

冰心对中国文学的发展功不可没,理应成立专门的研究机构,将冰心及其文学作品收藏起来,这对后人来说也是一种贡献。

后来在工作人员几次三番的劝说之下,冰心才勉强答应这件事。

经过一番筹备,1992 年,冰心研究会在福州成立。由冰心的老朋友、作家巴金担任会长,萧乾、叶飞、王蒙、张贤华等 15 人担任副会长,雷洁琼、夏衍等人担任顾问。冰心研究会组织机构完善,充分说明大家对研究会的重视。冰心研究会在近当代文学史上具有非常重要的意义,研究会的设立是对冰心在文坛上的地位的肯定。

## 第十章
浮生悠悠，清风依旧

冰心研究会的成立，为无数文学爱好者和研究者提供了一个平台，这在文学界是一件喜事，大家纷纷发来贺电。

巴金先生写道：

> 冰心大姐是五四新文学运动的最后一位元老，她写作了将近一个世纪，把自己全部的爱奉献给一代一代的青年，她以她一生呕心沥血，为中国的文学事业做出了巨大的贡献，她是中国知识界的良知。我敬重她的人品并以她为榜样。

中国作家协会也给冰心发来了贺电，高度肯定了冰心老人的创作：

> 冰心是文坛泰斗，是我国现代文学史上最有影响的文学前辈之一。她的作品文笔清丽、意蕴隽永，显示了女作家特有的思想情感和审美意识，具有独特的艺术风格和很高的艺术表现力，在新文学史上写下了辉煌的一页，对中国现当代文学做出了卓越的贡献。

老舍之子舒乙称赞冰心：

> 她最正直、最无私、最透明、最远见，也最坦诚。她拿出所有的东西，包括她靠勤劳赚来的为数不多的稿费，全部

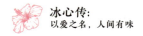
冰心传：
以爱之名，人间有味

奉献给了这个国家。她为我们这个社会，树立了一个摸得着、看得见、实实在在的道德典范，成为无数中国男女效仿的榜样和崇拜的对象。

无数的赞美都是发自内心的，冰心树立起的典范影响了无数人。在他们心中，这位老人的崇高品格令人敬佩。

面对这些赞美之辞，冰心仍然是谦虚和平静的。成立冰心研究会，冰心本是不同意的，后来在众人强烈建议下才建成，冰心老人以严谨的态度对待此事。冰心曾表示：

"研究"是一个科学的名词。科学的态度是：严肃的、客观的、细致的、深入的，容不得半点私情。研究者像一位握着尖利的手术刀的生物学家，对于他手底的待剖的生物，冷静沉着地将健全的部分和残废的部分，分割了出来，放在解剖桌上，对学生详细解说，让他们好好学习。

我将以待剖者的身份静待解剖的结果来改正自己！

（《上"冰心研究会"全体同人书》）

冰心研究会系统地整理了冰心的作品，收集了珍贵的影像资料、手稿，定期召开学术会议和宣传活动，展示了冰心的文学成就和爱国主义精神。

## 第十章
### 浮生悠悠，清风依旧

晚年的冰心对祖国的文学事业和教育事业仍十分关注，她的老友巴金同样孜孜不倦地为祖国的文学事业奋斗着。

为了弘扬、发展中国现代文学，巴金老先生倡议建立中国现代文学馆，但是在筹备上遇到了些困难。巴金给国家领导人写了一封信，冰心知道了此事也发起助力，向国家领导人写信申请建文学馆事宜：

> 中国现代文学馆是我的老朋友巴金先生倡议建立的，我是他的热情支持者。我已把我的大部分藏书和文稿捐给了文学馆。文学馆很需要一个新馆舍来收藏五四运动以来所有我国现代作家的创作成果，这是我们国家和民族的重要文化窗口，需要国家的支持和帮助。

中央领导接到巴金和冰心的申请信之后，非常重视该项工程，建立文学馆之事很快得到了落实。

这两位文坛老人虽不在一起，但是他们的心永远连在一处，伟大的友谊和共同的理想从不会因为时间的推移而有任何改变。

1990年，为祝贺冰心九十大寿，由葛翠琳、吴作人、雷洁琼等人倡导的"冰心儿童图书奖"（后与其他奖项统称为"冰心文学奖"）得以设立，这是继冰心研究会之后的又一文学盛事。

葛翠琳曾说："冰心一生爱孩子，她的作品受到几代读者的

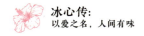

欢迎，设立一项冰心奖，鼓励支持为孩子们创作、出版好书，这是件很有意义的事，也是对冰心老人九十大寿的最好的祝贺。"

冰心儿童图书奖的设立，鼓励了儿童文学的创作，正如冰心老人所说："评奖是鼓励儿童文学不断前进的巨大动力，使儿童文学的作家、画家和出版社，都有努力的方向和期望，我祝愿将来每年一次的'冰心儿童图书奖'每年都不断地'更上一层楼'！"

在儿童文学创作方面，冰心老人做出了重要的贡献，这个奖项的设立对世界华文儿童文学创作者来说，也是意义非凡。该奖评选在每年冰心生日的时候举行一次，多年来成绩喜人。获奖者有偏远山区的农民，有海外的华人作者，有学校里的学生，还有工厂里的工人……但是无论他们是什么样的身份，他们都有一颗热爱儿童文学的心，一份难得的热忱。

冰心老人对文学爱好者和文学工作者中的晚辈十分关照，他们对冰心老人亦是心存敬佩，经常有访客到冰心的住处，来拜访这位文坛泰斗，冰心老人从来都是热情接待。她喜欢和年轻人一起交流文学，年轻人也喜欢和这位慈祥的老人在一起。

著名作家铁凝曾到冰心老人的家中去探望她。铁凝出生于北京，1975年在河北保定高中毕业后到博野县插队，从此开始了写作生涯。铁凝见到自己无比崇敬的冰心老人时，激动得不知道说什么好，冰心却和蔼地对她说："那就安静地坐一会儿。"

铁凝后来给冰心老人写了一封长信，里面写到她在农村的生

## 第十章
### 浮生悠悠，清风依旧

活细节。令她没有想到的是，冰心老人给她回了信，并给予她肯定和真诚的鼓励。铁凝非常感动，也非常受鼓舞。她曾在文中写道：

> 能够令人敬佩的作家是幸运的，能够令人敬佩而又令人可以亲近的作家则足以拥有双倍的自豪。冰心先生不仅以她的智慧、才情，她对人类的爱心和她不曾迟钝、不曾怠倦的笔，赢得了一代又一代读者，她身上散发出的那种无言以说的母性的光辉和人格力量，更给许多年轻人以他人无法替代的感染。
>
> （《冰心姥姥您好》）

冰心在国际华人作家群体中的影响也非常大，马来西亚的华文作家还特地前往中国，拜访这位文学界的慈母作家，冰心非常高兴，和他们交流了很久。

文学无国界，冰心的文学造诣是世界文学爱好者有目共睹的。她的作品在每一个爱她的人心中都种下了一颗饱满的种子，文学的滋润使种子不断成长，在某一天精彩盛放。

世界上还有很多你看不到的角落，默默留存着对冰心的爱，这些爱超越国度，超越语言，穿越时空——那是一种精神上的默契和共鸣，也是冰心文学的魅力所在。

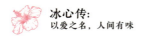

## 2 上善若水

冰心是一个平凡的女人,也是一个奇女子。虽然不能开辟疆土,保家卫国,她却用自己的方式创造了无限的价值——造福教育,影响后世。

冰心始终拥有一颗善良的心,正因如此,她才会创造出如此之多的有良心的作品。对于冰心来说,善良是一种自信,善良是一种远见,善良是一种力量。她把善良镌刻在生命里,在灵魂里,温暖了无数需要帮助的人。

1991年夏天,冰心向遭受洪涝灾害较为严重的安徽地区捐赠自己的稿费1万元,在国内作家中做出了表率。民政部门相关人员接到捐款时非常激动,他们表示自小就读过冰心老人的作品,如今老人已经91岁高龄了,还怀有一颗善良之心。

冰心老人自己的生活十分俭朴,在帮助别人时却能够慷慨解囊。有一回,她的女儿和女婿回到福建长乐老家探亲,看到家乡小学年久失修,条件恶劣,回家之后和冰心描述了那里的情况,冰心二话没说,马上将自己攒下的2万元稿费全部捐赠,用于修缮校舍。

## 第十章
### 浮生悠悠,清风依旧

"期颐寿者永怀赤子",冰心没有因为年龄增长而减少对教育的贡献,虽然自己不能在三尺讲台前为莘莘学子传道授业,但是她却以另一种实际的方式为教育事业不断付出。

冰心播撒无数爱的种子,在世界的各个角落生根发芽。她行善并不是为了让别人知道,很多时候冰心甚至是不愿意留下姓名的。这种金子一般的品格让认识冰心的人无不心生敬佩。

1993年,海峡文艺出版社出版了《冰心全集》,该书出版后,受到热烈欢迎。1995年8月26日,在人民大会堂召开了《冰心全集》出版座谈会,文学界百位杰出代表参会,向冰心表示热烈的祝贺。当时冰心还在医院,没有参加座谈会,但是仍然准备了书面讲话,由女儿吴青代为发言。

> 我现在住在北京医院,不能参加今天的《全集》出版座谈会。首先我要感谢前来参加座谈会的老朋友们,中共中央宣传部、中国作家协会、福建省委宣传部、福州市、长乐市的领导同志们。我还要感谢海峡文艺出版社的同志们,感谢他们为《全集》的出版所做的努力,我也要感谢《全集》的主编卓如同志,为了编辑这部《全集》,她十多年来不辞劳苦,四处搜集资料,找到了多少篇连我自己都已经忘了的文章……我将以待解剖者的身份静待解剖结果来改正自己!我要活到老,要不断地改正自己,才能写出较好的作品来。

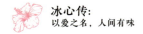

冰心传：
以爱之名，人间有味

冰心为文学奋斗一生，到了老年获得了丰收。仿佛是勤勤恳恳耕耘一生，到了秋天便是收获的季节一般，各种荣誉也都纷至沓来。

住院期间，冰心老人获得黎巴嫩总统授予的国家级雪松骑士勋章，用以表彰冰心为中国和黎巴嫩之间的文化交流所做出的贡献。表彰大会在北京医院三楼的会议室召开，黎巴嫩驻华大使法利德·萨玛哈看到冰心老人非常激动，他表示：

我们今天颁发勋章，是为中华民族的优秀品质加冕。如此象征性地在谢冰心女士身上得到体现的这些品质是由兼收并蓄、坚忍不拔、顽强拼搏和诗一般的温馨汇在一起的一种民族精神。从年轻时起，冰心便已敏锐地感受到另一名著名的思想家、伟大的黎巴嫩作家纪伯伦的深奥哲理和诗一般的呼唤。多亏了这位伟大的女士，纪伯伦的声音和他的人文思想才能得以不仅在黎巴嫩和美国，而且在中国传播。今天我们是为她在此聚会，为她而在医院里举行仪式。多亏了她，这所医院暂时成了文化的殿堂，文学的论坛，因为只要冰心在那里，我们就能感受到文化的存在和思维力量的存在，就能感受到爱的独特存在。正是她所翻译的纪伯伦的《先知》一书中，有这样一段论述爱的话："当爱向你们召唤的时候，跟随着他，虽然他的路程艰险而陡峻……当他对你们说话的时候，信从他，虽然他的声音也许会把你们梦魂击碎，如同北风吹荒了林园。"亲爱的朋友们，要赞扬冰心，单靠语言是不够的，它们听起来就像沧海中的小溪一样乏力。所以，我最好就此打住。此处无声胜有声。

## 第十章
*浮生悠悠，清风依旧*

外国大使言辞诚恳、情真意切，代表了国际上对冰心老人的高度肯定和崇敬。这次表彰会仍然是由冰心的女儿吴青替母亲发言。虽然不是冰心本人发言，但是她书写的每一个文字都是她最真实的情感。

北京医院的医护人员对冰心精心照料，一个月之后，冰心便痊愈出院了。为了对北京医院的医护人员表示感谢，冰心还特地用毛笔在医院的留言簿上写下了自己感谢：

由毛泽东主席亲笔题名的北京医院，无疑是中国第一座大医院，院址有南北二楼，床位有八百多人，医护人员有一千多人。我有幸和它有了医疗关系。

今年十月一日，我闹腹痛，进院就医，由主任医生沈谨女士为我诊视，断定腹痛与我左脚上的带状疱疹有关。经她和她手下的青年男医师们：如刘德平住院医师、李福绥主治医师为我治疗，并利用晚间休暇来和我闲谈，还有女理疗医师李晶，也是福建长乐人，送我一瓶鱼丸佐餐。凡此种种都使我感动，董春晖护士长为首的护士们，个个笑脸迎人、对患者。尤其沈谨主任那样的主帅人物，慰抚扶侍无微不至，使我为妇女自豪。今将出院，就写下这些来表达我的眷恋和感激。

冰心 书于北京医院北楼317病室
一九九三年十月三十一日

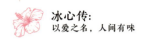

**冰心传：**
以爱之名，人间有味

冰心老人有一颗玲珑心，她记得每一个给予她精心照顾的医生和护士，在心里默默记住他们的好。虽然因生病身在医院，但是冰心却觉得度过了一段快乐的时光。

善良是一个人最珍贵的品质，懂得感恩是善良的延续。冰心自小就有一颗悲天悯人之心，对待身边的人和物，她都会尽善尽美，这种美好的品德伴随了她一生。

# 3 余香玫瑰

成功的花，人们只惊羡它绽放时的明艳，然而当初它的芽儿，浸透了奋斗的泪泉，经受了苦难的血雨。正如冰心其人。

冰心一生行善积德，不断为慈善事业做出贡献，即将百岁，身体还很硬朗。她不知老之将至，始终保持着不断思考、不断进步、永远向前、无私奉献的高尚品质。

冰心的心是火热的，她火热的心中装满了爱，爱着国家，爱着孩子，爱着万物。

冰心叮嘱自己的家人，自己百年之后要和丈夫吴文藻合葬在北京的八宝山。

## 第十章
### 浮生悠悠，清风依旧

生同眠，死同穴。1999年，冰心过完百岁之后，于2月28日病情恶化，与世长辞！

冰心老人离开的时候嘴角上挂着安详的微笑，好像睡着了一样。安然离世，没有经受任何痛苦，这也是上天给这位传奇老人最圆满的结局。

1999年3月1日，冰心的遗体告别会在八宝山举行，这是一场特别的告别会，没有白花和黑纱，而是无数的鲜花布满灵堂。

冰心生前最爱红色玫瑰，她九十大寿时老友巴金还特地送来90朵美丽的玫瑰花。冰心的灵堂里摆放了两千多朵红色玫瑰，灵堂周围是松柏，正面是一片蓝色的背景，映衬着老人手写的"有了爱就有了一切"几个大字。

灵堂外排满了前来与冰心告别的人，每个人手中都拿着一朵红色玫瑰，他们怀着沉痛无比的心情来送老人最后一程。

冰心经历了一个山河破碎、风雨飘摇的年代，她身为女性，比其他人承受了更多的苦难和坎坷，然而她仍然笑着走过来了。冰心被中国人称为"文坛祖母"，因为她不仅是文坛巨匠，更将自己的大爱撒遍了大江南北，把她的爱无私地奉献给了需要她的人！

冰心老人的遗嘱是这样写的：

> 我如果已经昏迷，千万不要抢救，请医生打一针安定，让我安静地死去；遗体交北京医院解剖；不要遗体告别，不

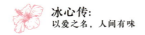

**冰心传:**
**以爱之名,人间有味**

开追悼会;骨灰放在文藻的骨灰盒内,一同洒在通海的河内;存款,除了分给吴平、吴冰、吴青的,其余部分都捐给现代文学馆;我身后如有稿费寄来,都捐给文学馆;书籍里面,没有上下款的,可以捐给民进图书馆(工具书你们可以留下)。

老人奉献一生,就是临终之前也没有忘记帮助别人。著名诗人臧克家在悼文中深情写道:

文坛世界老人冰心安详地走了,撇下她心爱的祖国和她的亿万读者,远行了!她慈祥的面容,宽广的胸怀,高尚的人品,将永远铭刻在我的记忆里;她用圣洁的爱和纯真的情铸成的作品,将永远地流传下去,直到千年万代!

对冰心老人有着特殊感情的女作家铁凝悲痛万分:

先生留给世界的至真至善至美的文字,先生对文坛晚辈广博深厚的爱心让我一生铭记。冰心姥姥,我很想您!

《台港文学选刊》的朋友们也发来沉痛哀悼:

百年热望,执金笔,点点繁星闪耀中华文学天空;一朝

## 第十章
### 浮生悠悠,清风依旧

临永诀,文坛上下共惊,巨痛中,追隽永诗意,宜将明灯高攀。

一片冰心,倾玉壶,绵绵春水滋润读者心灵大地;几番梦魂归,海内海外谐振,长怀时,承博大爱心,还把香泽广播。

无论是国内还是国外,是文坛作家还是普通读者,是学生还是普通百姓,对于冰心老人的逝世都表示哀悼和不舍,唁电如雪花般飞来。这位文坛慈母,就这样永远地离开了我们。

冰心逝世之后,中国作协立即成立了治丧办公室,专门负责操办老人的后事。中央领导人、中国作协、福建文联、威尔斯利学院代表以及国外的许多知名作家都参加了冰心老人的告别会。一代文学巨匠陨落,光芒却洒满了人间。

中华人民共和国成立以来,冰心历任中国作家协会第二、三届理事会理事和书记处书记、顾问,中国文艺联合会第二至四届全国委员会委员和副主席,中国民主促进会中央委员会副主席,全国人民代表大会第一至五届代表,中国人民政治协商会议第五至七届全国委员会常委和第八、九届全国委员会委员,全国少年儿童福利基金会副会长,中国妇女联合会常委等职务。

冰心这一生为我国的文学事业、妇女儿童事业、中国共产党领导的多党合作和政治协商制度、中国的文化交流事业都做出了重要贡献。在她去世之后,官方在印制的《冰心先生生平》中

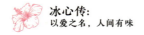

**冰心传:**
以爱之名，人间有味

给予她高度的评价：

冰心是二十世纪中国杰出的文学大师，忠诚的爱国主义者，著名的社会活动家，中国共产党的亲密朋友。

冰心与吴文藻合葬的骨灰盒上并行写着：

长乐谢冰心
江阴吴文藻

冰心一生经历了 20 世纪所有重大的事情，她走出了狭小的家庭，创造出文学的新天地。她拥有携手共度一生的伴侣，虽然历经风雨，但是两人互相扶持，相濡以沫，共同经营了一个幸福的家庭。作为一个长辈，冰心儿孙满堂，尽享天伦之乐；作为一个作家，冰心一生佳作无数，许多不朽作品流传至今，为后人赞颂。

冰心的传世作品、人生经历都被后人敬仰。人们出版冰心纪念画册、冰心文集以及建立纪念园和纪念馆，以多种形式怀念这位奇女子。

2007 年 5 月，福州名人雕塑园落成冰心、庐隐、林徽因铜像，称"福州三才女"。冰心的女儿吴青在"福州三才女"铜像落成的揭幕仪式上说：

## 第十章
### 浮生悠悠，清风依旧

纪念这三位女性最重要的就是纪念她们的精神，她们都是受到五四运动的影响，接受并传递了新思想。女人先是人，才是女人；男人先是人，才是男人，因此男女是平等的……三位女作家都很喜欢玫瑰花，因为玫瑰花非常的美，尤其是红色的，但是它有刺。玫瑰花是唯一带刺的花，这说明一个人活着要有正义、有风骨，不是人云亦云，人活着是要有人格的。

冰心曾说："有了爱就有了一切。"她的作品和人格给后世留下深远的影响，虽然冰心老人已经不在，但她的精神不朽。

2003年，福建冰心文学馆召开了第二届冰心学术研讨会，来自五湖四海的专家和学者们都参加了这次研讨会。2008年，烟台市人民政府为冰心纪念馆举行揭幕仪式，馆内收藏了冰心珍贵的作品和手稿等，供人们学习和参观。

冰心老人坚持写作75年，伴随着世纪的风云变幻，跟随着时代的步伐，将母爱、童真、大自然贯穿于一生的作品之中。冰心是一位"像一朵荷花一样，一尘不染地直伸起来的诗人"，冰心的作品写出了人类博大和永恒的爱。

一生风雨，巨笔如椽。悠悠岁月，风骨犹存。